σχολείο - el colegio   2
ταξίδι - el viaje   5
μεταφορά - el transporte   8
πόλη - la ciudad   10
τοπίο - el paisaje   14
εστιατόριο - el restaurante   17
σούπερ μάρκετ - el supermercado   20
ποτά - las bebidas   22
φαγητό - la comida   23
αγρόκτημα - la granja   27
σπίτι - la casa   31
σαλόνι - el living   33
κουζίνα - la cocina   35
μπάνιο - el baño   38
παιδικό δωμάτιο - el cuarto de los chicos   42
ρούχα - la ropa   44
γραφείο - la oficina   49
οικονομία - la economía   51
επαγγέλματα - las ocupaciones   53
εργαλεία - las herramientas   56
μουσικά όργανα - los instrumentos musicales   57
ζωολογικός κήπος - el zoológico   59
αθλήματα - los deportes   62
δραστηριότητες - las actividades   63
οικογένεια - la familia   67
σώμα - el cuerpo   68
νοσοκομείο - el hospital   72
έκτακτη ανάγκη - la emergencia   76
Γη - la Tierra   77
ρολόι - el reloj   79
εβδομάδα - la semana   80
έτος - el año   81
σχήματα - las formas   83
χρώματα - colores   84
αντίθετα - los opuestos   85
αριθμοί - los números   88
γλώσσες - los Idiomas   90
ποιος / τι / πως - quién / qué / cómo   91
που - dónde   92

Impressum
Verlag: BABADADA GmbH, Nedderfeld 112 , 22529 Hamburg
Geschäftsführer / Verlagsleitung: Harald Hof
Druck: Books on Demand GmbH, In de Tarpen 42, 22848 Norderstedt

Imprint
Publisher: BABADADA GmbH, Nedderfeld 112 , 22529 Hamburg, Germany
Managing Director / Publishing direction: Harald Hof
Print: Books on Demand GmbH, In de Tarpen 42, 22848 Norderstedt

σχολείο
el colegio

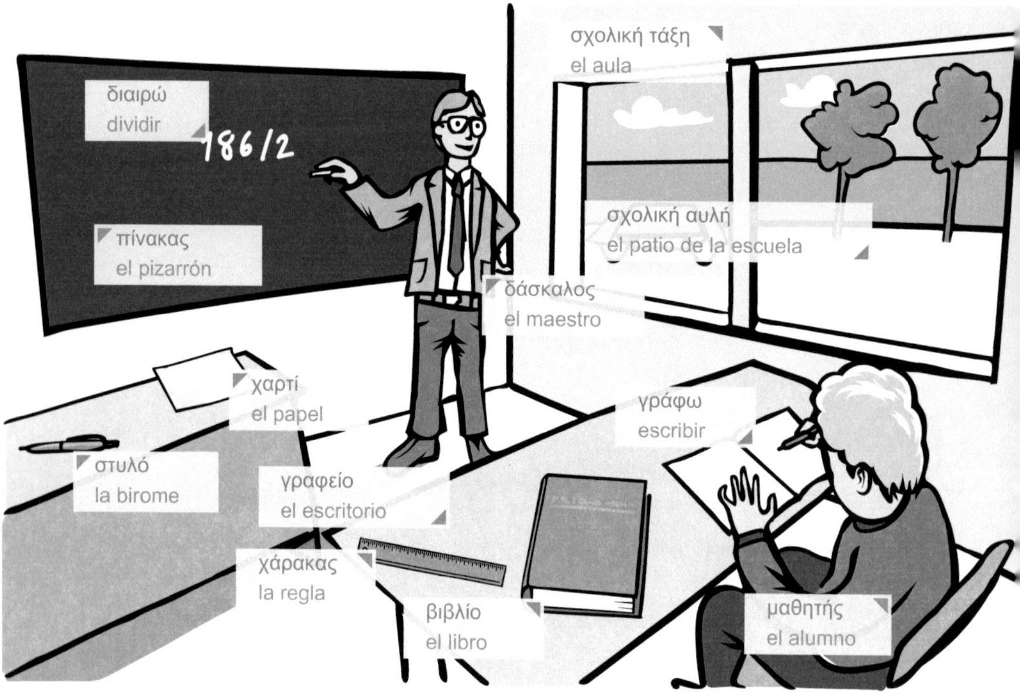

σχολική τάξη
el aula
διαιρώ
dividir
186/2
πίνακας
el pizarrón
σχολική αυλή
el patio de la escuela
δάσκαλος
el maestro
χαρτί
el papel
γράφω
escribir
στυλό
la birome
γραφείο
el escritorio
χάρακας
la regla
βιβλίο
el libro
μαθητής
el alumno

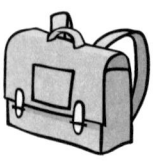

σχολική τσάντα

la mochila

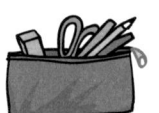

κασετίνα/ μολυβοθήκη

la caja de lápices

μολύβι

el lápiz

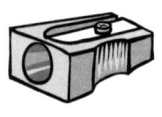

ξύστρα

el sacapuntas

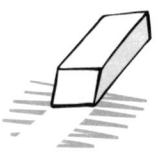

γόμα

la goma (de borrar)

μπλοκ ζωγραφικής

el bloc de dibujo

ζωγραφική

el dibujo

πινέλο

el pincel

κουτί χρωμάτων

la caja de pinturas

ψαλίδι

la tijera

κόλλα

el pegamento

τετράδιο ασκήσεων

el cuaderno de ejercicios

εργασία για το σπίτι

la tarea

12

αριθμός

el número

2+2

προσθέτω

sumar

5-2

αφαιρώ

restar

2×2

πολλαπλασιάζω

multiplicar

υπολογίζω

calcular

A

γράμμα

la letra

ABCDEFG
HIJKLMN
OPQRSTU
VWXYZ

αλφάβητο

el abecedario

hello

λέξη

la palabra

κείμενο

el texto

διαβάζω

leer

κιμωλία

la tiza

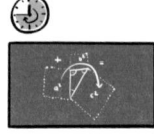

μάθημα

la lección

εγγράφομαι

el cuaderno de clase

τεστ

el examen

πιστοποιητικό

el certificado

μαθητική στολή

el uniforme escolar

εκπαίδευση

la educación

εγκυκλοπαίδεια

la enciclopedia

πανεπιστήμιο

la universidad

μικροσκόπιο

el microscopio

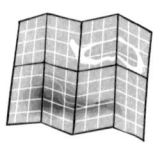

χάρτης

el mapa

καλάθι αχρήστων

el tacho (de basura)

ταξίδι
el viaje

ξενοδοχείο
el hotel
Grand
ξενώνας
el hostel
ROOMS
EXCHANGE
ανταλλακτήρια συναλλάγματος
la casa de cambio
βαλίτσα
la valija
αυτοκίνητο
el auto

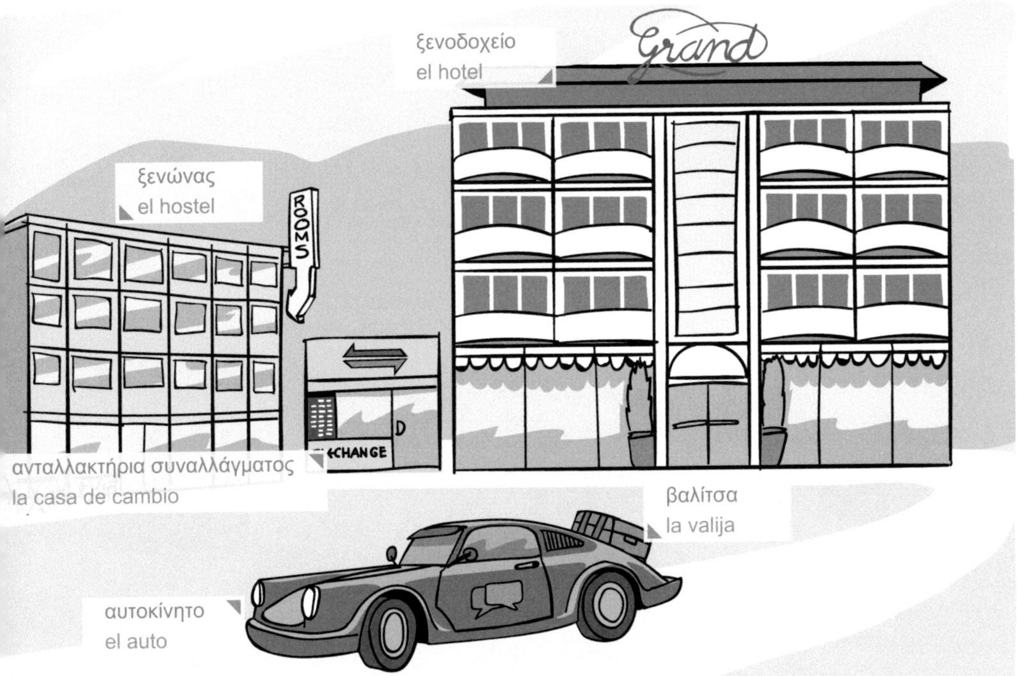

γλώσσα

el idioma

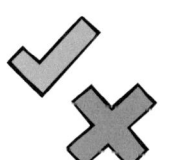

ναι / όχι

sí / no

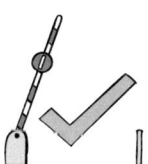

εντάξει

Está bien

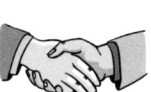

γεια σου

hola

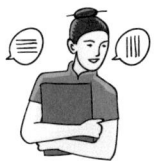

μεταφραστής

el traductor

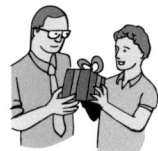

Ευχαριστώ

Gracias

πόσο κάνει ;

¿cuánto cuesta…?

Δε καταλαβαίνω

No entiendo

πρόβλημα

el problema

Καλησπέρα!

¡Buenas tardes!

Καλημέρα!

¡Buenos días!

Καληνύχτα!

¡Buenas noches!

Αντίο

el adiós

κατεύθυνση

la dirección

αποσκευές

el equipaje

τσάντα

el bolso

σακίδιο πλάτης

la mochila

καλεσμένος

el invitado

δωμάτιο

la habitación

υπνόσακος

la bolsa de dormir

σκηνή

la carpa

τουριστικές πληροφορίες

la información turística

παραλία

la playa

πιστωτική κάρτα

la tarjeta de crédito

πρωινό

el desayuno

μεσημεριανό

el almuerzo

δείπνο

la cena

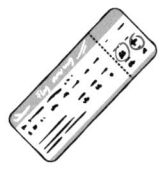

εισιτήριο

el pasaje

ανελκυστήρας

el ascensor

γραμματόσημο

el sello

σύνορα

la frontera

τελωνείο

la aduana

πρεσβεία

la embajada

βίζα

la visa

διαβατήριο

el pasaporte

μεταφορά
el transporte

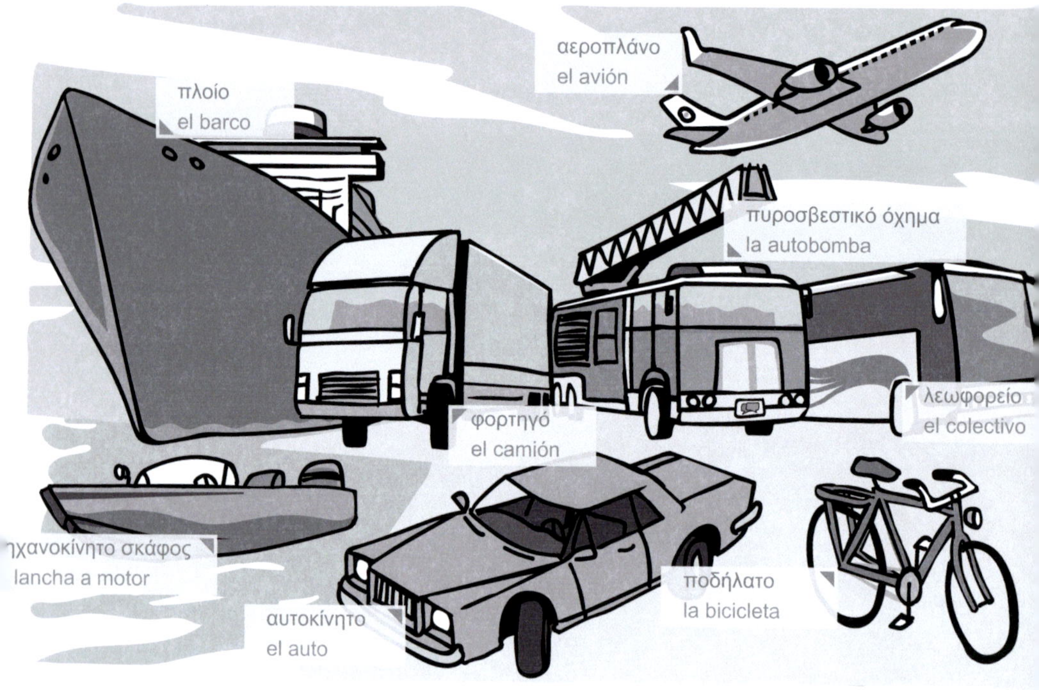

αεροπλάνο
el avión
πλοίο
el barco
πυροσβεστικό όχημα
la autobomba
λεωφορείο
el colectivo
φορτηγό
el camión
ηχανοκίνητο σκάφος
lancha a motor
ποδήλατο
la bicicleta
αυτοκίνητο
el auto

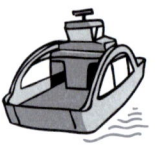

φεριμπότ

el ferry

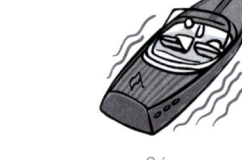

βάρκα

el bote

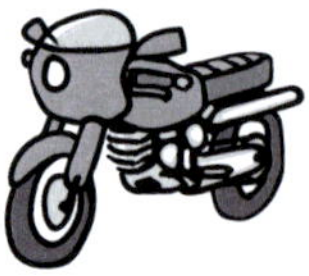

μοτοσικλέτα

la moto

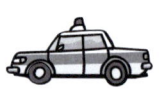

περιπολικό

el patrullero

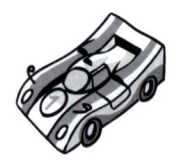

αγωνιστικό αυτοκίνητο

el auto de carreras

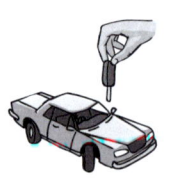

ενοικιαζόμενο αυτοκίνητο

el auto de alquiler

ιαμοιρασμός αυτοκινήτων

el alquiler de autos

γερανός

la grúa

απορριμματοφόρο

el camión de la basura

κινητήρας

el motor

καύσιμο

la nafta

βενζινάδικο

la estación de servicio

πινακίδα σήμανσης

la señal de tránsito

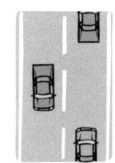

κυκλοφορία

el tránsito

κυκλοφοριακή συμφόρηση

el embotellamiento

χώρος στάθμευυης

el estacionamiento

υιδηροδρομικός σταθμός

la estación de tren

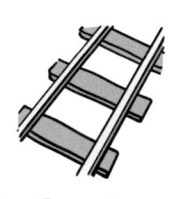

σιδηροδρομικές γραμμές

las vías

τρένο

el tren

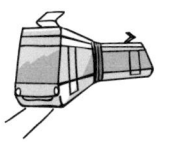

τραμ

el tranvía

βαγόνι

el vagón

ελικόπτερο
el helicóptero

αεροδρόμιο
el aeropuerto

πύργος
la torre

επιβάτης
el pasajero

εμπορευματοκιβώτιο
el contenedor

χαρτοκιβώτιο
la caja de cartón

καρότσι
la carretilla

καλάθι
la canasta

απογειώνομαι /
προσγειόνομαι
despegar / aterrizar

πόλη
la ciudad

χωριό
el pueblo

κέντρο της πόλης
el centro de la ciudad

σπίτι
la casa

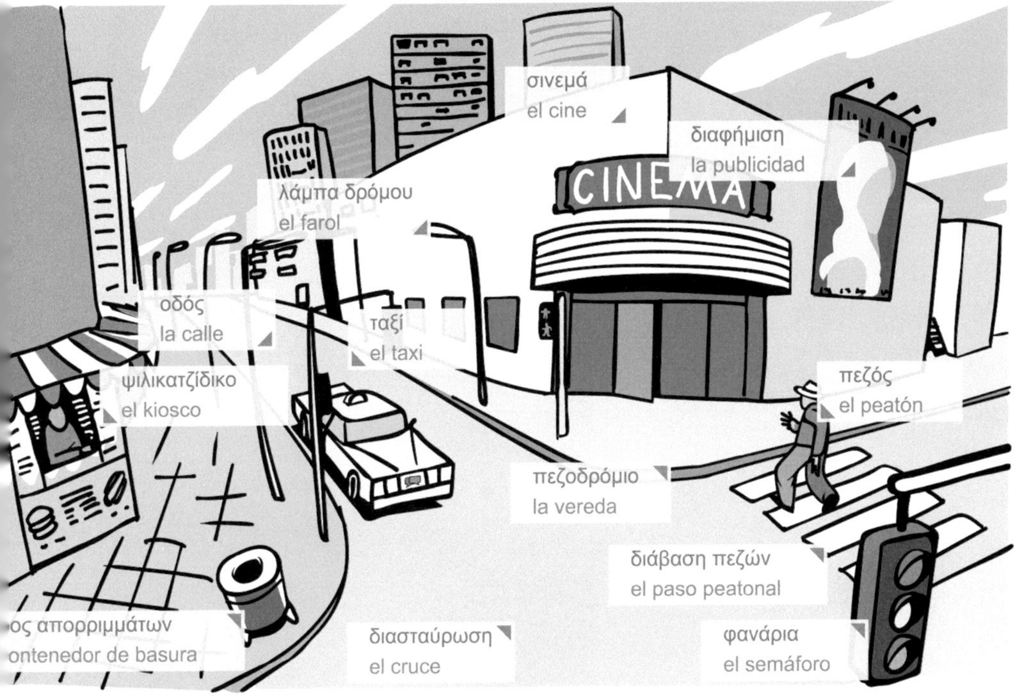

σινεμά
el cine
διαφήμιση
la publicidad
CINEMA
λάμπα δρόμου
el farol
οδός
la calle
ταξί
el taxi
ψιλικατζίδικο
el kiosco
πεζός
el peatón
πεζοδρόμιο
la vereda
διάβαση πεζών
el paso peatonal
ος απορριμμάτων
ontenedor de basura
διασταύρωση
el cruce
φανάρια
el semáforo

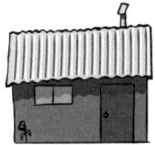

καλύβα

la cabaña

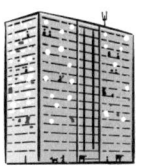

διαμέρισμα

el departamento

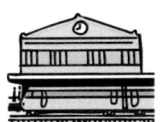

σιδηροδρομικός σταθμός

la estación de tren

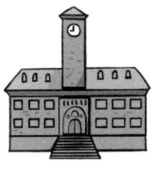

δημαρχείο

la municipalidad

MUSEUM

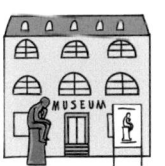

μουσείο

el museo

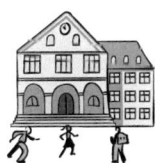

σχολείο

el colegio

πανεπιστήμιο

la universidad

τράπεζα

el banco

νοσοκομείο

el hospital

ξενοδοχείο

el hotel

φαρμακείο

la farmacia

γραφείο

la oficina

βιβλιοπωλείο

la librería

κατάστημα

el negocio

ανθοπωλείο

la florería

σούπερ μάρκετ

el supermercado

αγορά

el mercado

πολυκατάστημα

las grandes tiendas

ιχθυοπωλείο

la pescadería

εμπορικό κέντρο

el centro comercial

λιμάνι

el puerto

πάρκο

el parque

παγκάκι

el banco

γέφυρα

el puente

σκάλες

las escaleras

μετρό

el subte

τούνελ

el túnel

στάση λεωφορείου

la parada del colectivo

μπαρ

el bar

εστιατόριο

el restaurante

γραμματοκιβώτιο

el buzón

πινακίδα δρόμου

el letrero

παρκόμετρυ

el parquimetro

ζωολογικός κήπος

el zoológico

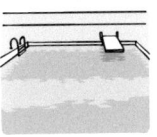

πισίνα

la pileta

τζαμί

la mezquita

αγρόκτημα

la granja

ρύπανση

la contaminación

νεκροταφείο

el cementerio

εκκλησία

la iglesia

παιδική χαρά

los juegos infantiles

ναός

el templo

τοπίο
el paisaje

φύλλο
la hoja

πινακίδα κατεύθυνσης
el poste indicador

δρόμος
el camino

λιβάδι
la pradera

πέτρα
la piedra

δέντρο
el árbol

πεζοπόρος
el excursionista

ποτάμι
el río

χορτάρι
la hierba

λουλούδι
la flor

κοιλάδα

el valle

λόφος

la montaña

λίμνη

el lago

δάσος

el bosque

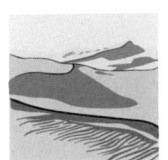

έρημος

el desierto

ηφαίστειο

el volcán

κάστρο

el castillo

ουράνιο τόξο

el arco iris

μανιτάρι

el champiñón

φοίνικας

la palmera

κουνούπι

el mosquito

μύγα

la mosca

μυρμήγκι

la hormiga

μέλισσα

la abeja

αράχνη

la araña

τοπίο - el paisaje

σκαθάρι

el escarabajo

βάτραχος

la rana

σκίουρος

la ardilla

σκαντζόχοιρος

el erizo

λαγός

la liebre

κουκουβάγια

la lechuza

πουλί

el pájaro

κύκνος

el cisne

αγριογούρουνο

el jabalí

ελάφι

el ciervo

άλκη

el alce

φράγμα

la presa

ανεμογεννήτρια

el aerogenerador

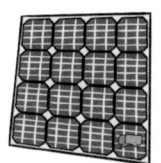

ηλιακός συλλέκτης

el panel solar

κλίμα

el clima

εστιατόριο
el restaurante

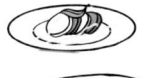

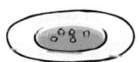

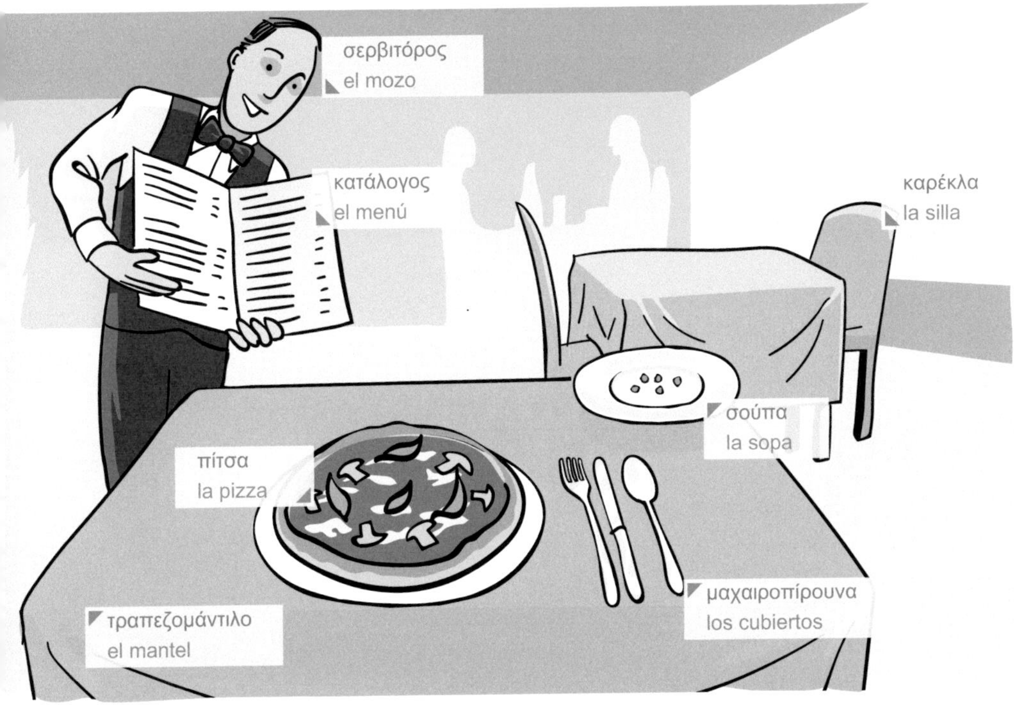

σερβιτόρος
el mozo
κατάλογος
el menú
καρέκλα
la silla
σούπα
la sopa
πίτσα
la pizza
μαχαιροπίρουνα
los cubiertos
τραπεζομάντιλο
el mantel

ορεκτικό

la entrada

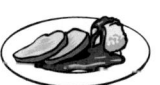

κύριο πιάτο

el plato principal

επιδόρπιο

el postre

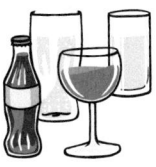

ποτά

las bebidas

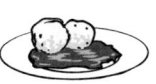

φαγητό

la comida

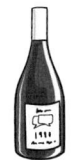

μπουκάλι

la botella

φαστ φουντ

la comida rápida

φαγητό στ' όρθιο

la comida callejera

τσαγιέρα

la tetera

δοχείο ζάχαρης

la azucarera

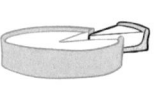

μερίδα

la porción

μηχανή εσπρέσο

la cafetera expreso

ψηλή καρέκλα

la sillita alta

λογαριασμός

la cuenta

δίσκος

la bandeja

μαχαίρι

el cuchillo

πιρούνι

el tenedor

κουτάλι

la cuchara

κουταλάκι του τσαγιού

la cucharita

πετσέτα φαγητού

la servilleta

ποτήρι

el vaso

εστιατόριο - el restaurante

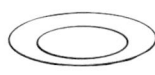

πιάτο
el plato

πιάτο σούπας
el plato hondo

πιατάκι φλιτζανιού
el plato

σάλτσα
la salsa

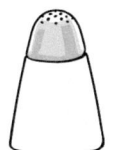

αλατιέρα
el salero

μύλος για πιπέρι
el molinillo de pimienta

ξύδι
el vinagre

λάδι
el aceite

μπαχαρικά
las especias

κέτσαπ
el kétchup

μουστάρδα
la mostaza

μαγιονέζα
la mayonesa

σούπερ μάρκετ
el supermercado

προσφορά
la oferta especial
FOR
πελάτης
el cliente
γαλακτοκομικά προϊόντα
los lácteos
φρούτα
la fruta
καρότσι για ψώνια
el changuito

BUTCHERS

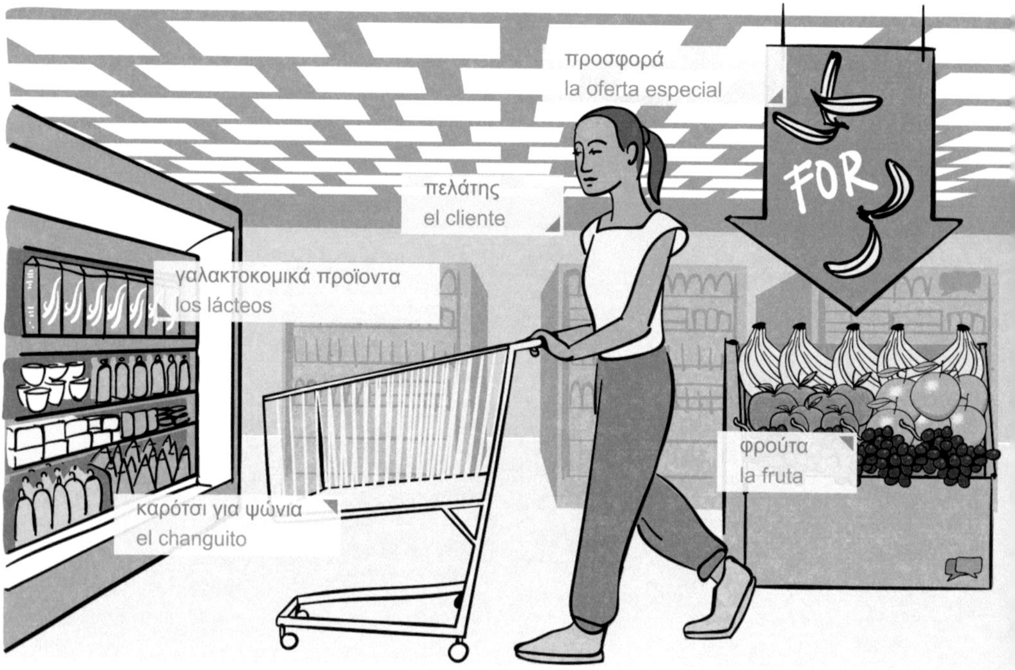

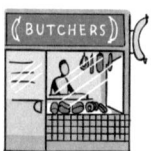

κρεοπωλείο

la carnicería

BAKERY

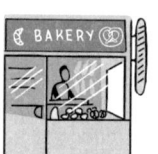

φούρνος

la panadería

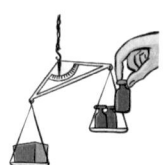

ζυγίζω

pesar

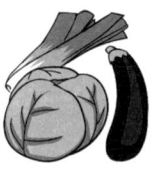

λαχανικά

las verduras

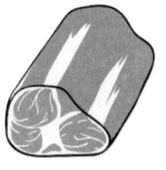

κρέας

la carne

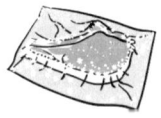

κατεψυγμένα τρόφιμα

los alimentos congelados

αλλαντικά

los fiambres

κονσερβοποιημένη τροφή

los alimentos enlatados

απορρυπαντικό ρούχων

el detergente en polvo

γλυκά

las golosinas

οικιακά είδη

los electrodomésticos

καθαριστικά προϊόντα

los productos de limpieza

πωλήτρια

la vendedora

ταμείο

la caja

ταμίας

el cajero

λίστα για ψώνια

la lista de compras

ωράριο λειτουργίας

el horario de atención

πορτοφόλι

la billetera

πιστωτική κάρτα

la tarjeta de crédito

τσάντα

la cartera

πλαστική σακούλα

la bolsa de plástico

νερό

el agua

χυμός

el jugo

γάλα

la leche

κόκα κόλα

la bebida cola

κρασί

el vino

μπίρα

la cerveza

αλκοόλ

el alcohol

κακάο

el cacao

τσάι

el té

καφές

el café

εσπρέσο

el café expreso

καπουτσίνο

el cappuccino

μπανάνα

la banana

μήλο

la manzana

πορτοκάλι

la naranja

πεπόνι

el melón

λεμόνι

el limón

καρότο

la zanahoria

σκόρδο

el ajo

μπαμπού

el bambú

κρεμμύδι

la cebolla

μανιτάρι

el champiñón

ξηροί καρποί

las nueces

νουντλς

los fideos

μακαρόνια

los tallarines

ρύζι

el arroz

σαλάτα

la ensalada

πατατάκια

las papas fritas

τηγανητές πατάτες

las papas fritas

πίτσα

la pizza

χάμπουργκερ

la hamburguesa

σάντουιτς

el sándwich

κοτολέτα

el churrasco

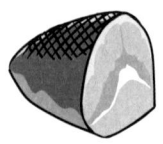

ζαμπόν

el jamón

σαλάμι

el salame

λουκάνικο

la salchicha

κοτόπουλο

el pollo

ψητό

el asado

ψάρι

el pescado

χυλός βρώμης

los copos de avena

μούσλι

el muesli

κορν φλέικς

los copos de maíz

αλεύρι

la harina

κρουασάν

la medialuna

ψωμάκι

el pancito

ψωμί

el pan

τοστ

la tostada

μπισκότα

las galletitas

βούτυρο

la manteca

τυρόπηγμα

la cuajada

κέικ

la torta

αυγό

el huevo

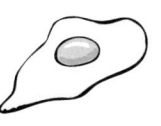

τηγανητό αυγό

el huevo frito

τυρί

el queso

παγωτό

el helado

ζάχαρη

el azúcar

μέλι

la miel

μαρμελάδα

la mermelada

άλλειμμα σοκολάτας

la pasta de chocolate

κάρυ

el curry

αγρόκτημα
la granja

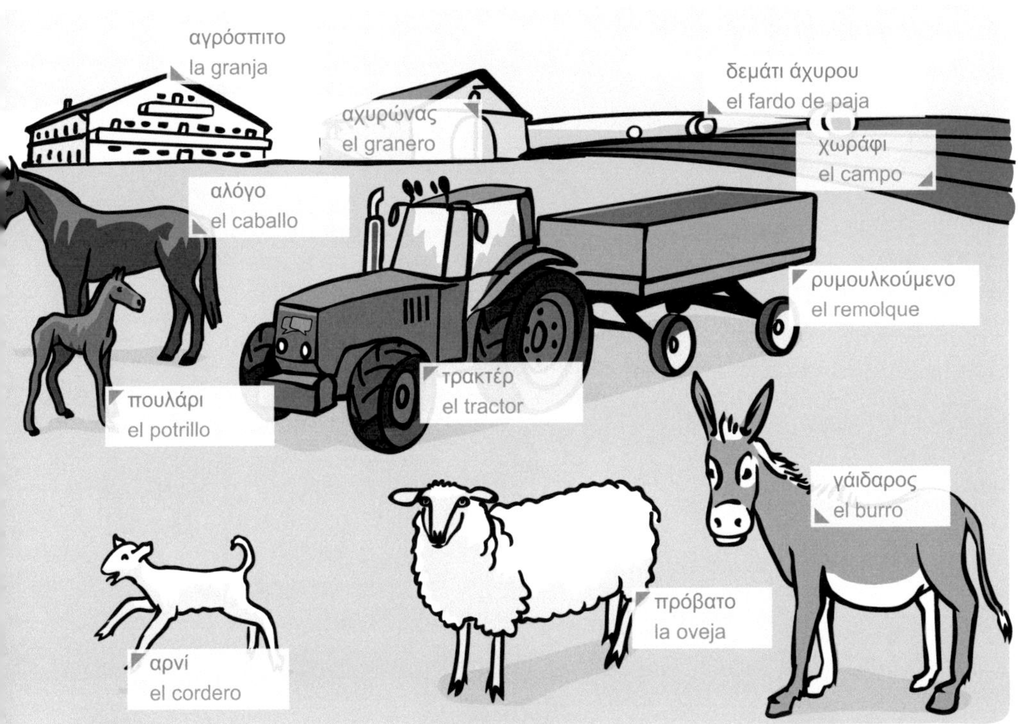

αγρόσπιτο
la granja
δεμάτι άχυρου
el fardo de paja
αχυρώνας
el granero
χωράφι
el campo
αλόγο
el caballo
ρυμουλκούμενο
el remolque
τρακτέρ
el tractor
πουλάρι
el potrillo
γάιδαρος
el burro
πρόβατο
la oveja
αρνί
el cordero

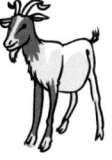

κατσίκα

la cabra

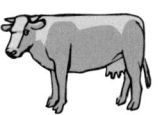

αγελάδα

la vaca

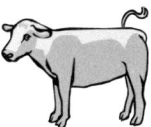

μοσχαράκι

el ternero

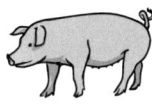

γουρούνι

el cerdo

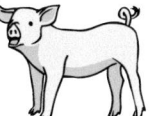

γουρουνάκι

el lechón

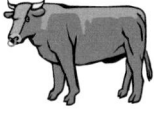

ταύρος

el toro

χήνα
el ganso

πάπια
el pato

κοτοπουλάκι
el pollo

κότα
la gallina

κόκορας
el gallo

αρουραίος
la rata

γάτα
el gato

ποντίκι
el ratón

βόδι
el buey

σκύλος
el perro

σπιτάκι σκύλου
la cucha

λάστιχο κήπου
la manguera

ποτιστήρι
la regadera

θεριστήρι
la guadaña

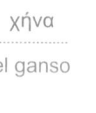

αλέτρι
el arado

δρεπάνι

la hoz

τσάπα

la azada

δίκρανο

la horquilla

τσεκούρι

el hacha

χειράμαξα

la carretilla

ταΐστρα

el abrevadero

δοχείο γάλακτος

la lechera

σάκος

la bolsa

φράχτης

la reja

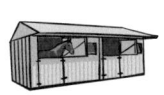

στάβλος

el establo

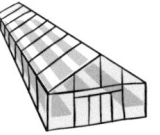

θερμοκήπιο

el invernadero

έδαφος

el suelo

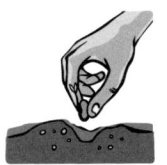

σπόρος

la semilla

λίπασμα

el fertilizador

θεριζοαλωνιστική μηχανή

la cosechadora

αγρόκτημα - la granja

θερίζω

cosechar

συγκομιδή

la cosecha

γιαμς

las batatas

σιτάρι

el trigo

σόγια

la soja

πατάτα

la papa

καλαμπόκι

el maíz

κράμβη

la semilla de colza

οπωροφόρο δέντρο

el árbol frutal

μανιόκα

la mandioca

δημητριακά

los cereales

σπίτι

la casa

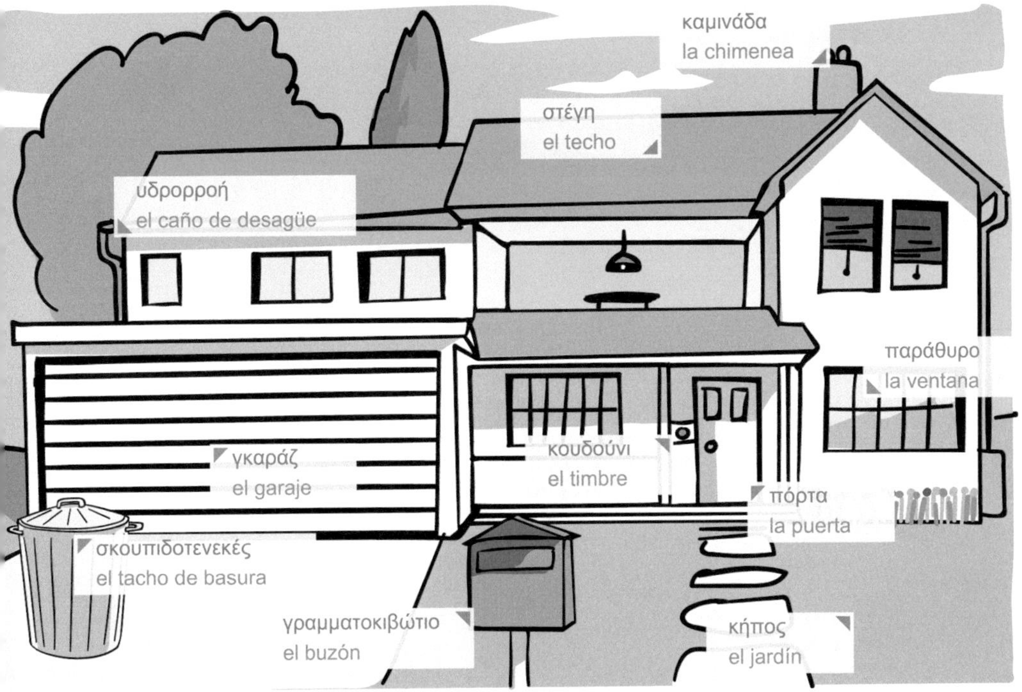

καμινάδα
la chimenea
στέγη
el techo
υδρορροή
el caño de desagüe
παράθυρο
la ventana
κουδούνι
el timbre
γκαράζ
el garaje
πόρτα
la puerta
σκουπιδοτενεκές
el tacho de basura
γραμματοκιβώτιο
el buzón
κήπος
el jardín

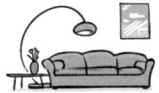

σαλόνι

el living

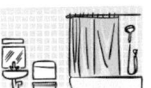

μπάνιο

el baño

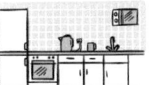

κουζίνα

la cocina

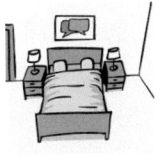

υπνοδωμάτιο

el dormitorio

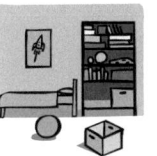

παιδικό δωμάτιο

el cuarto de los chicos

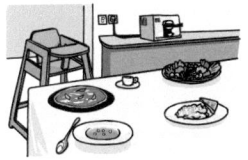

τραπεζαρία

el comedor

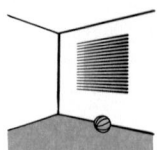

πάτωμα

el piso

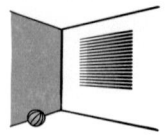

τοίχος

la pared

οροφή

el cielorraso

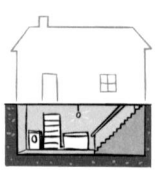

κελάρι

el sótano

σάουνα

el sauna

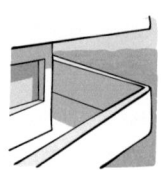

μπαλκόνι

el balcón

βεράντα

la terraza

πισίνα

la pileta

μηχανή του γκαζόν

la cortadora de pasto

σεντόνι

la sábana

κάλυμμα κρεβατιού

el acolchado

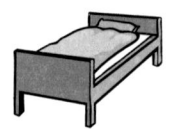

κρεβάτι

la cama

σκούπα

la escoba

κουβάς

el balde

διακόπτης

el interruptor

σαλόνι
el living

ταπετσαρία
el empapelado
φωτογραφία
la imagen
λάμπα
la lámpara
ράφι
el estante
ντουλάπι
el armario
τηλεόραση
la televisión
τζάκι
la chimenea
λουλούδι
la flor
μαξιλάρι
el almohadón
καναπές
el sofá
βάζο
el florero
τηλεκοντρόλ
el control remoto

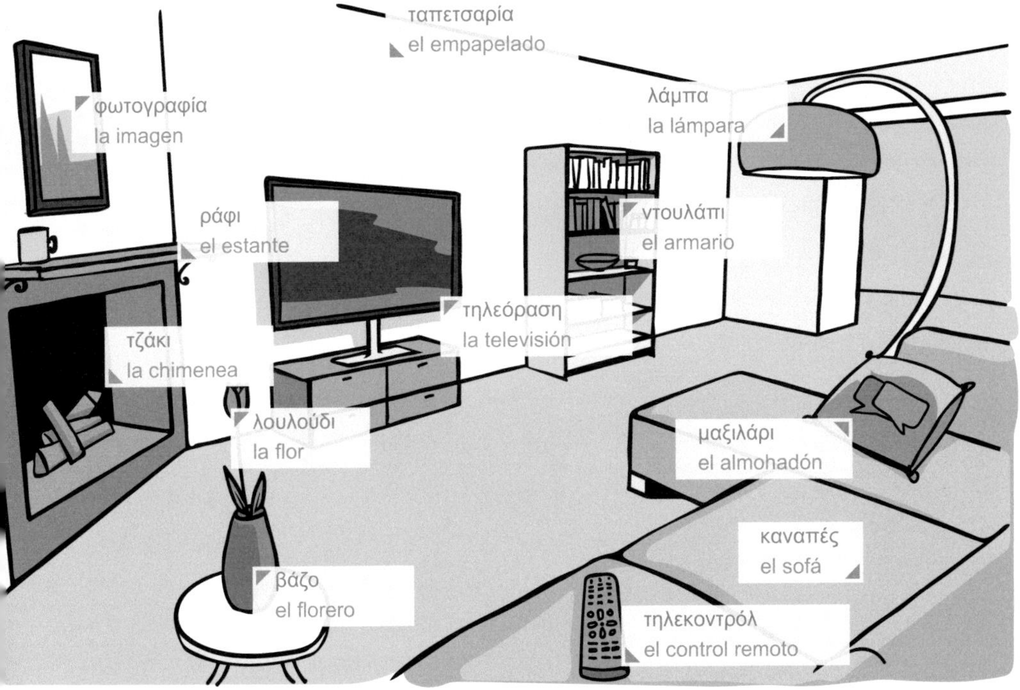

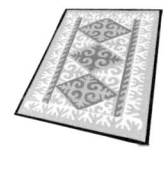

χαλί

la alfombra

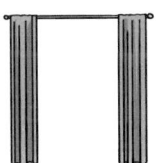

κουρτίνα

la cortina

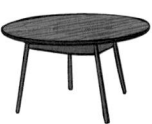

τραπέζι

la mesa

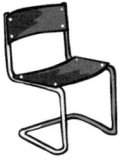

καρέκλα

la silla

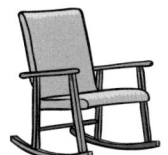

κουνιστή πολυθρόνα

la mecedora

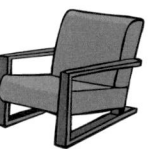

πολυθρόνα

el sillón

βιβλίο

el libro

κουβέρτα

la frazada

διακόσμηση

la decoración

καυσόξυλα

la leña

ταινία

la película

στερεοφωνικό σύστημα

el equipo de música

κλειδί

la llave

εφημερίδα

el diario

πίνακας ζωγραφικής

la pintura

αφίσα

el póster

ραδιόφωνο

la radio

σημειωματάριο

el cuaderno

ηλεκτρική σκούπα

la aspiradora

κάκτος

el cactus

κερί

la vela

κουζίνα
la cocina

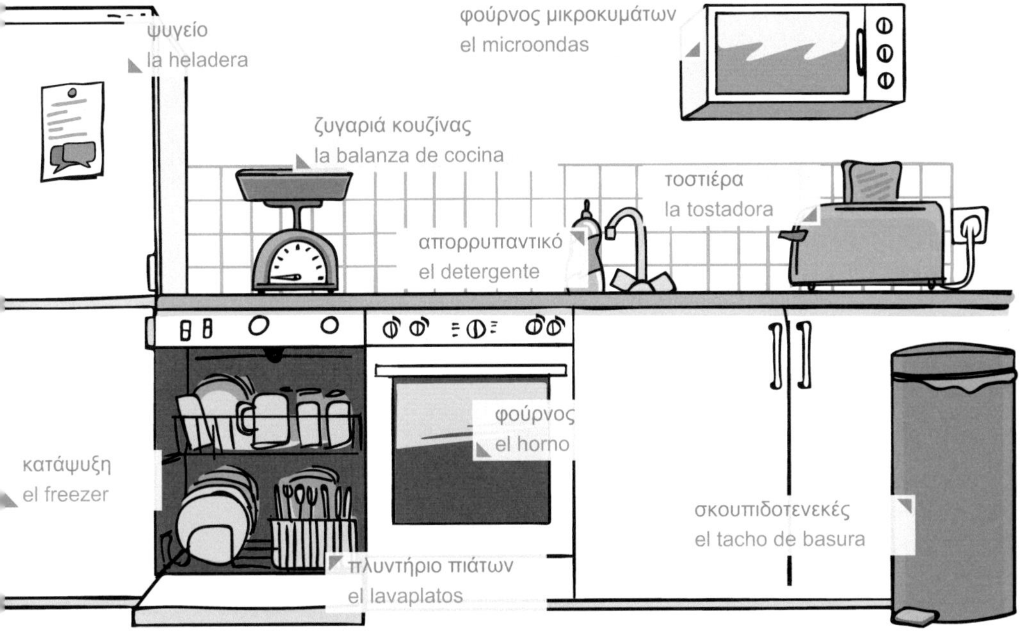

ψυγείο
la heladera
φούρνος μικροκυμάτων
el microondas
ζυγαριά κουζίνας
la balanza de cocina
τοστιέρα
la tostadora
απορρυπαντικό
el detergente
φούρνος
el horno
κατάψυξη
el freezer
σκουπιδοτενεκές
el tacho de basura
πλυντήριο πιάτων
el lavaplatos

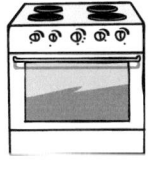

κουζίνα

la cocina

κατσαρόλα

la olla

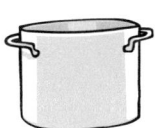

μαντεμένια κατσαρόλα

la olla de hierro fundido

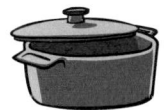

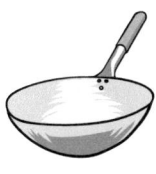

γουόκ/καντάι

el wok

τηγάνι

la sartén

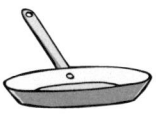

βραστήρας

la pava

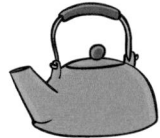

ατμομάγειρας

la vaporera

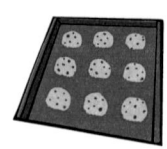

ταψί

la bandeja de horno

πιατικά

la vajilla

κούπα

la taza

μπολ

el bol

ξυλάκια

los palitos

κουτάλα

el cucharón

σπάτουλα

la espátula

ανακατεύω

la batidora

σουρωτήρι

el colador

σουρωτηράκι

el colador

τρίφτης

el rallador

γουδί

el mortero

ψησταριά

la parrilla

ανοιχτή φωτιά

la fogata

σανίδα κοπής

la tabla de picar

πλάστης

el palo de amasar

ανοιχτήρι φελλών

el sacacorchos

κονσέρβα

la lata

ανοιχτήρι κονσέρβας

el abrelatas

γάντι φούρνου

la manopla

νεροχύτης

la pileta

βούρτσα

el cepillo

σφουγγάρι

la esponja

μπλέντερ

la batidora

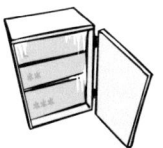

καταψύκτης

el congelador

μπιμπερο

la mamadera

βρύση

la canilla

κουζίνα - la cocina

μπάνιο
el baño

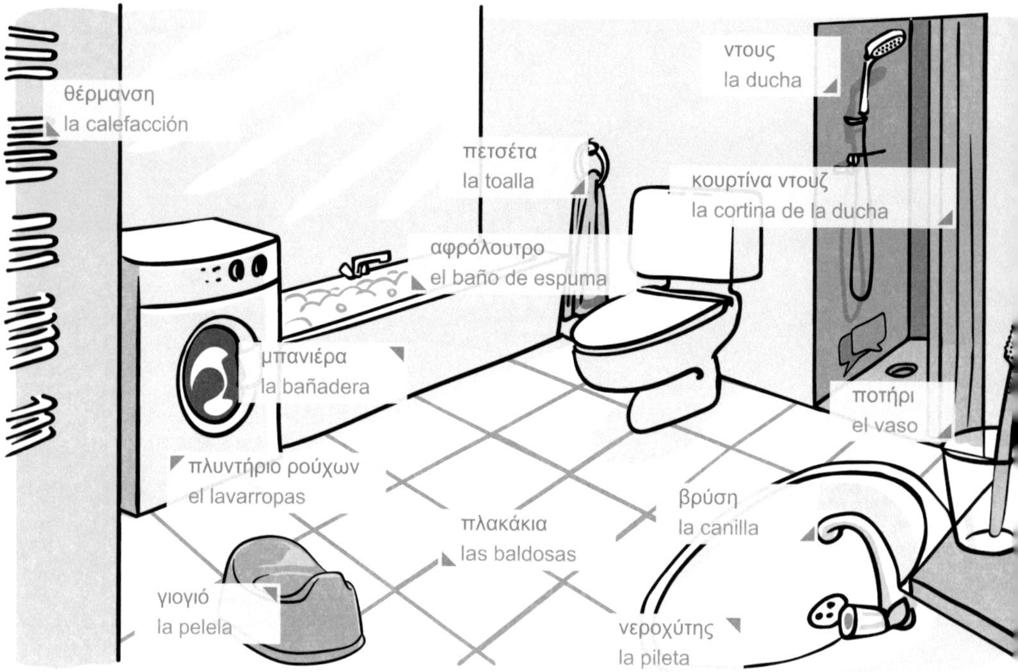
θέρμανση
la calefacción
ντους
la ducha
πετσέτα
la toalla
κουρτίνα ντους
la cortina de la ducha
αφρόλουτρο
el baño de espuma
μπανιέρα
la bañadera
ποτήρι
el vaso
πλυντήριο ρούχων
el lavarropas
βρύση
la canilla
πλακάκια
las baldosas
γιογιό
la pelela
νεροχύτης
la pileta

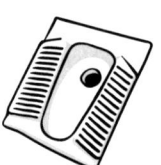

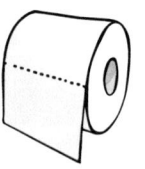

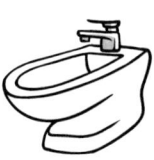

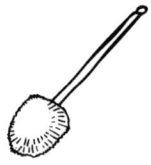

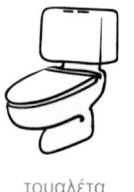

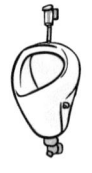

τουαλέτα

el inodoro

τούρκικη τουαλέτα

la letrina

μπιντές

el bidé

ουρητήριο

el mingitorio

χαρτί υγείας

el papel higiénico

πιγκάλ

el cepillo para el inodoro

οδοντόβουρτσα

el cepillo de dientes

οδοντόκρεμα

el dentífrico

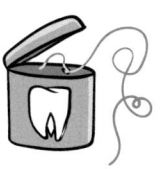

οδοντικό νήμα

el hilo dental

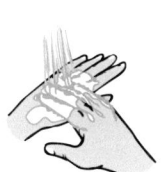

πλένω

lavar

τηλέφωνο ντους

la ducha de mano

ντουσιέρα

la ducha higiénica

λεκάνη

la palangana

βούρτσα πλάτης

el cepillo para la espalda

σαπούνι

el jabón

αφρόλουτρο

el gel de ducha

σαμπουάν

el shampoo

φανέλα

la toallita

σιφόνι

el desagüe

κρέμα

la crema

αποσμητικό

el desodorante

καθρέφτης
el espejo

καθρέφτης χειρός
el espejito

ξυραφάκι
la maquinita de afeitar

αφρός ξυρίσματος
la espuma de afeitar

αφτερσέιβ
el aftershave

χτένα
el peine

βούρτσα
el cepillo

σεσουάρ
el secador de pelo

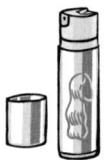

λακ
el spray

μακιγιάζ
el maquillaje

κραγιόν
el lápiz de labios

βερνίκι νυχιών
el esmalte para uñas

βαμβάκι
el algodón

ψαλίδι νυχιών
la tijera para uñas

άρωμα
el perfume

νεσεσέρ

el portacosméticos

σκαμπό

la banqueta

ζυγαριά

la balanza

μπουρνούζι

la bata

ελαστικά γάντια

los guantes de goma

ταμπόν

el tampón

πετσέτα υγιεινής

la toallita femenina

χημική τουαλέτα

el baño químico

παιδικό δωμάτιο
el cuarto de los chicos

ξυπνητήρι
el despertador
λούτρινο ζωάκι
el peluche
αυτοκινητάκι
el coche de juguete
κουδουνίστρα
el sonajero
κουκλόσπιτο
la casa de muñecas
δώρο
el regalo

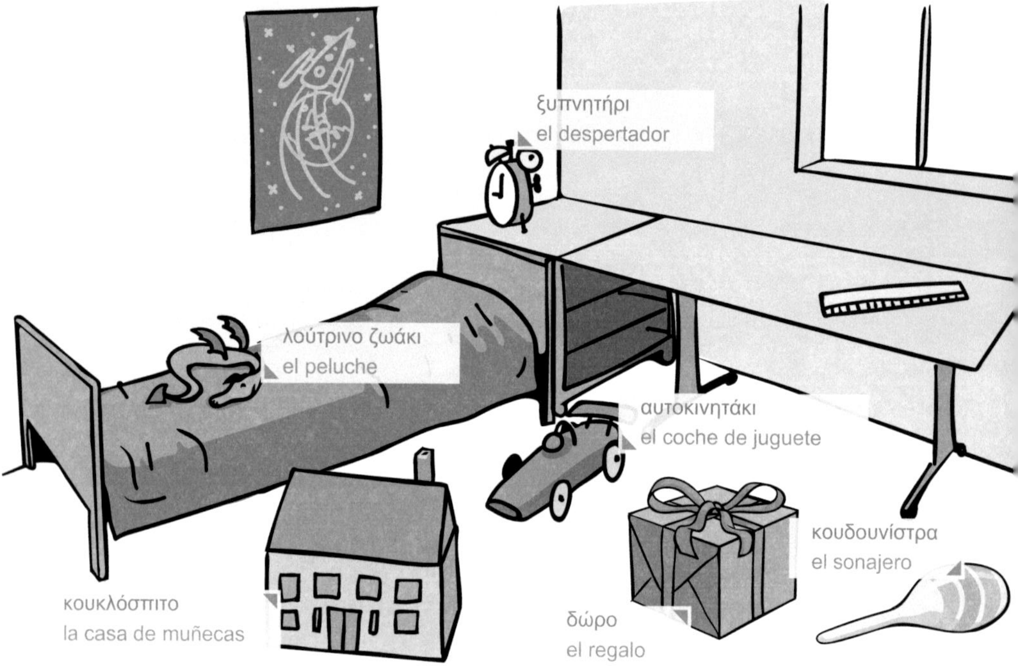

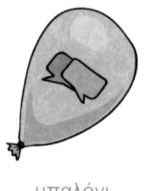

μπαλόνι

el globo

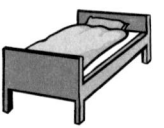

κρεβάτι

la cama

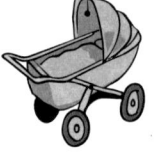

καροτσάκι

el cochecito

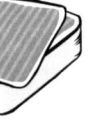

τράπουλα

las cartas

παζλ

el rompecabezas

SUPER
MEGA

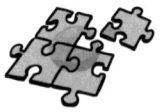

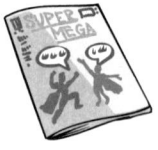

κόμικς

la historieta

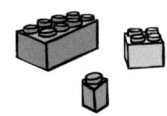

τουβλάκια lego

las piezas de lego

τουβλάκια κατασκευών

los ladrillos de juguete

φιγούρα δράσης

la figura de acción

βρεφικό φορμάκι

el enterito (de bebé)

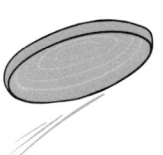

φρίσμπι

el frisbee

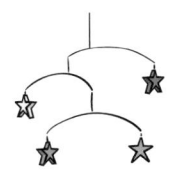

μόμπιλο

el móvil para bebés

επιτραπέζιο παιχνίδι

el juego de mesa

ζάρια

los dados

σετ τρενάκι

el tren eléctrico

πιπίλα

el chupete

πάρτι

la fiesta

εικονογραφημένο βιβλίο

el libro de cuentos ilustrado

μπάλα

la pelota

κούκλα

la muñeca

παίζω

jugar

σκάμμα με άμμο

el arenero

κούνια

la hamaca

παιχνίδια

los juguetes

κονσόλα βιντεοπαιχνιδιών

la consola de videojuegos

τρίκυκλο

el triciclo

αρκουδάκι

el osito de peluche

ντουλάπα

el armario

ρούχα

la ropa

κάλτσες

las medias

καλτσοδέτες

las medias panty

καλσόν

las calzas

κασκόλ
la bufanda

ομπρέλα
el paraguas

μπλουζάκι
la remera

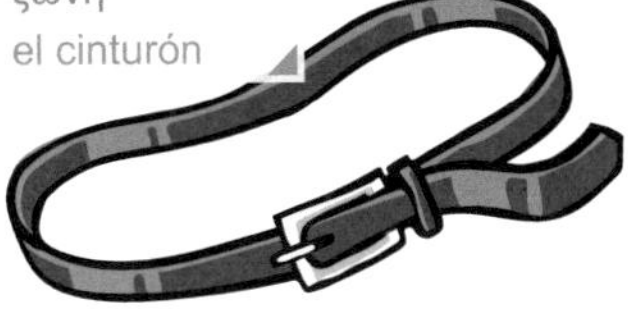

ζώνη
el cinturón

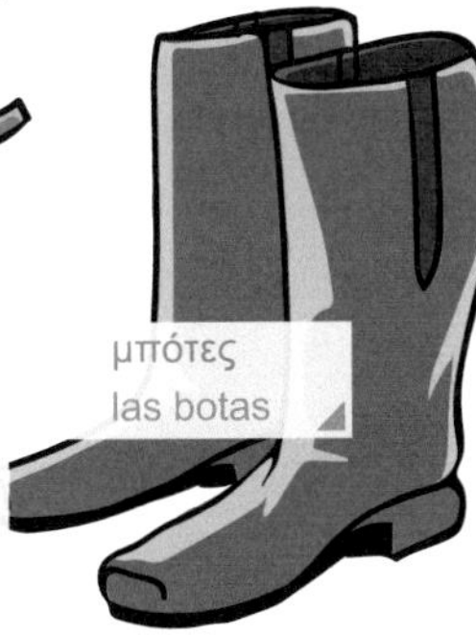

μπότες
las botas

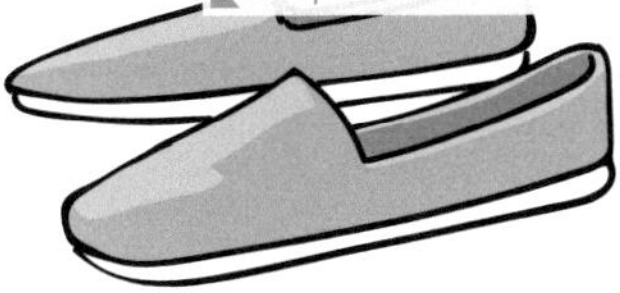

παντόφλες
las pantuflas

αθλητικά παπούτσια
las zapatillas

σανδάλια
las sandalias

παπούτσια
los zapatos

γαλότσες
las botas de goma

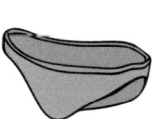

εσώρουχο
la ropa interior

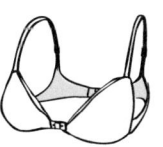

σουτιέν
el corpiño

φανέλα
el chaleco

ρούχα - la ropa

σώμα

el body

παντελόνι

los pantalones

τζιν παντελόνι

los jeans

φούστα

la pollera

μπλούζα

la blusa

πουκάμισο

la camisa

πουλόβερ

el pulóver

πουλόβερ

el buzo

σακάκι

el blazer

μπουφάν

la campera

παλτό

el tapado

αδιάβροχο πανωφόρι

el piloto

κοστούμι

el traje

φόρεμα

el vestido

νυφικό

el vestido de novia

κοστούμι

el traje

νυχτικό

el camisón

πιτζάμες

el pijama

σάρι

el sari

μαντήλι

el pañuelo para la cabeza

τουρμπάνι

el turbante

μπούρκα

la burka

καφτάνι

el caftán

μουσουλμανικό ένδυμα

la abaya

ολόσωμο μαγιό

el traje de baño

ανδρικό μαγιό

el short de baño

σορτς

los shorts

αθλητική φόρμα

el jogging

ποδιά

el delantal

γάντια

los guantes

κουμπί

el botón

γυαλιά

los anteojos

βραχιόλι

la pulsera

περιδέραιο

el collar

δαχτυλίδι

el anillo

σκουλαρίκι

el aro

καπέλο

la gorra

κρεμάστρα

la percha

καπέλο

el sombrero

γραβάτα

la corbata

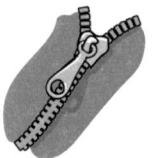

φερμουάρ

el cierre

κράνος

el casco

τιράντες

los tiradores

μαθητική στολή

el uniforme escolar

στολή

el uniforme

σαλιάρα

el babero

πιπίλα

el chupete

πάνα

el pañal

γραφείο
la oficina

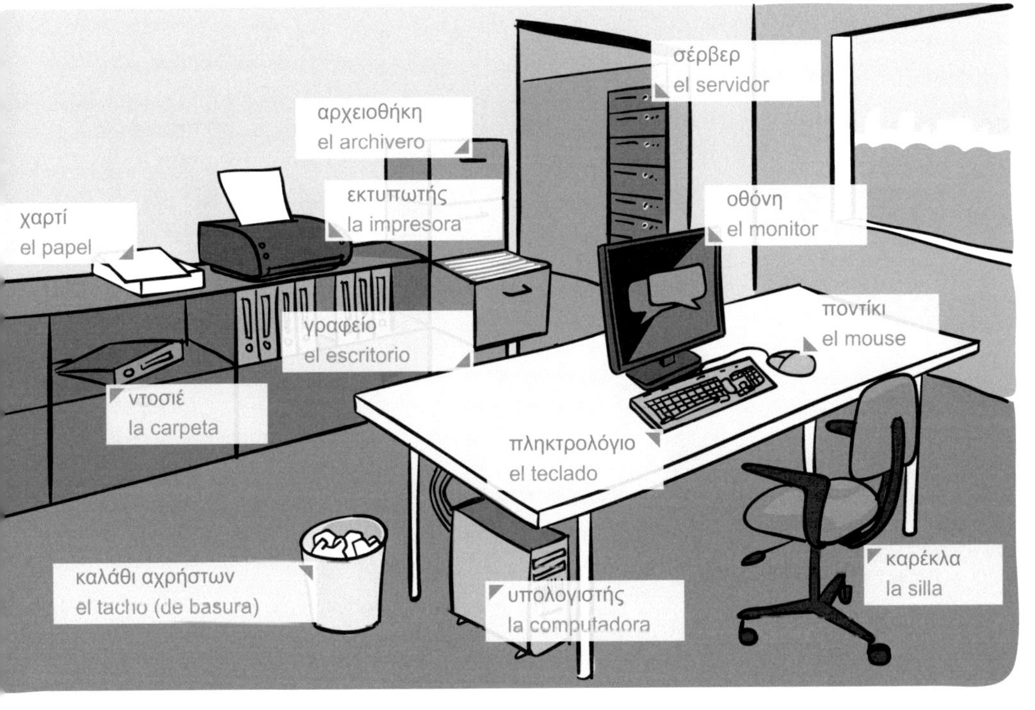

σέρβερ
el servidor

αρχειοθήκη
el archivero

εκτυπωτής
la impresora

οθόνη
el monitor

χαρτί
el papel

γραφείο
el escritorio

ποντίκι
el mouse

ντοσιέ
la carpeta

πληκτρολόγιο
el teclado

καλάθι αχρήστων
el tacho (de basura)

υπολογιστής
la computadora

καρέκλα
la silla

κούπα του καφέ

la taza de café

κομπιουτεράκι

la calculadora

ίντερνετ

el internet

λάπτοπ

la laptop

γράμμα

la carta

μήνυμα

el mensaje

κινητό

el celular

δίκτυο

la red

φωτοτυπικό μηχάνημα

la fotocopiadora

λογισμικό

el software

τηλέφωνο

el teléfono

πρίζα

el tomacorriente

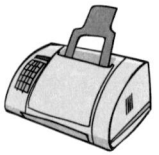

συσκευή φαξ

el fax

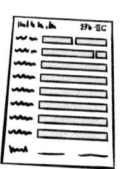

έντυπο

el formulario

έγγραφο

el documento

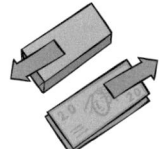

αγοράζω

comprar

πληρώνω

pagar

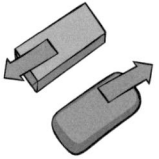

συναλλάσσομαι

hacer negocios

χρήματα

el dinero

δολάριο

el dólar

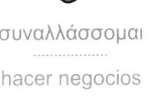

ευρώ

el euro

γιεν

el yen

ρούβλι

el rublo

ελβετικό φράγκο

el franco suizo

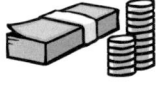

ρενμίνμπι γιουάν

el yuan

ρουπία

la rupia

ATM (αυτόματη ταμειακή μηχανή)

el cajero automático

ανταλλακτήρια
συναλλάγματος

la casa de cambio

χρυσός

el oro

ασήμι

la plata

πετρέλαιο

el petróleo

ενέργεια

la energía

τιμή

el precio

συμβόλαιο

el contrato

φόρος

el impuesto

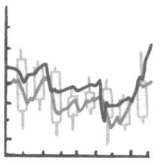

μετοχή

la acción

δουλεύω

trabajar

υπάλληλος

el empleado

εργοδότης

el empleador

εργοστάσιο

la fábrica

κατάστημα

el negocio

επαγγέλματα
las ocupaciones

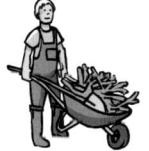

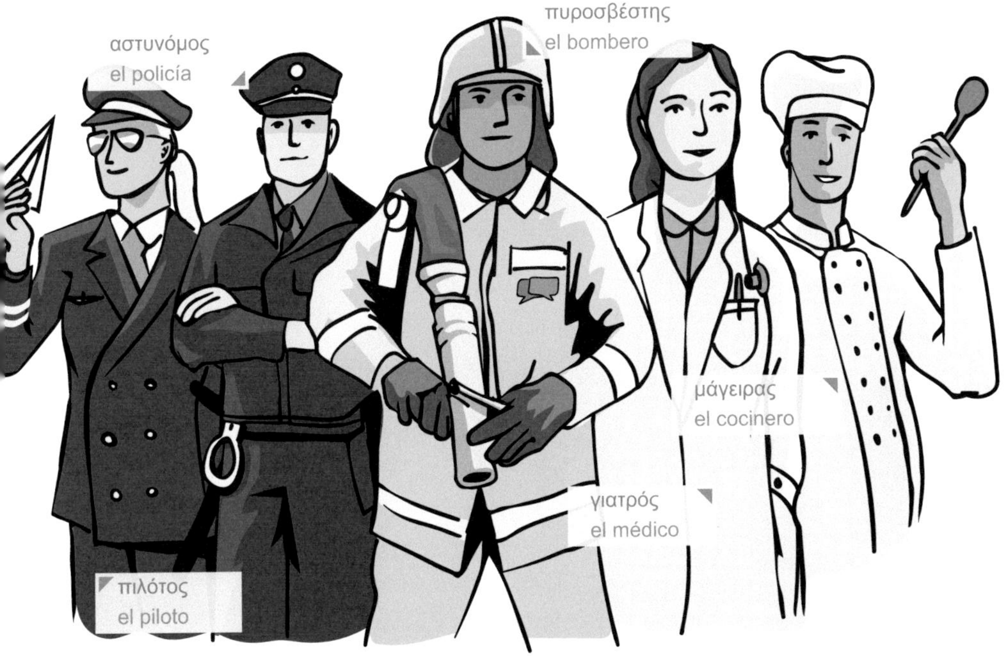
αστυνόμος
el policía
πυροσβέστης
el bombero
μάγειρας
el cocinero
γιατρός
el médico
πιλότος
el piloto

κηπουρός

el jardinero

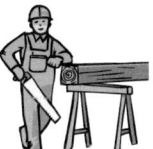

ξυλουργός

el carpintero

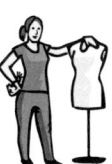

μοδίστρα

la modista

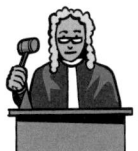

δικαστής

el juez

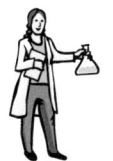

χημικός

el farmacéutico

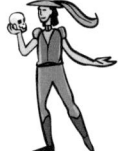

ηθοποιός

el actor

οδηγός λεωφορείου

el colectivero

ταξιτζής

el taxista

ψαράς

el pescador

καθαρίστρια

la mucama

τεχνίτης στεγών

el techista

σερβιτόρος

el mozo

κυνηγός

el cazador

ζωγράφος

el pintor

αρτοποιός

el panadero

ηλεκτρολόγος

el electricista

οικοδόμος

el albañil

μηχανολόγος

el ingeniero

κρεοπώλης

el carnicero

υδραυλικός

el plomero

ταχυδρόμος

el cartero

στρατιώτης
el soldado

αρχιτέκτονας
el arquitecto

ταμίας
el cajero

ανθοπώλης
el florista

κομμωτής
el peluquero

ελεγκτής εισιτηρίων
el cobrador

μηχανικός
el mecánico

καπετάνιος
el capitán

οδοντίατρος
el dentista

επιστήμονας
el científico

ραβίνος
el rablno

ιμάμης
el imán

μοναχός
el monje

ιερέας
el sacerdote

εργαλεία
las herramientas

σφυρί
el martillo
πένσα
la tenaza
κατσαβίδι
el destornillador
Γαλλικό κλειδί
la llave
φακός
la linterna

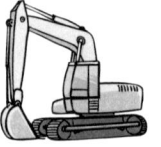

εκσκαφέας
la excavadora

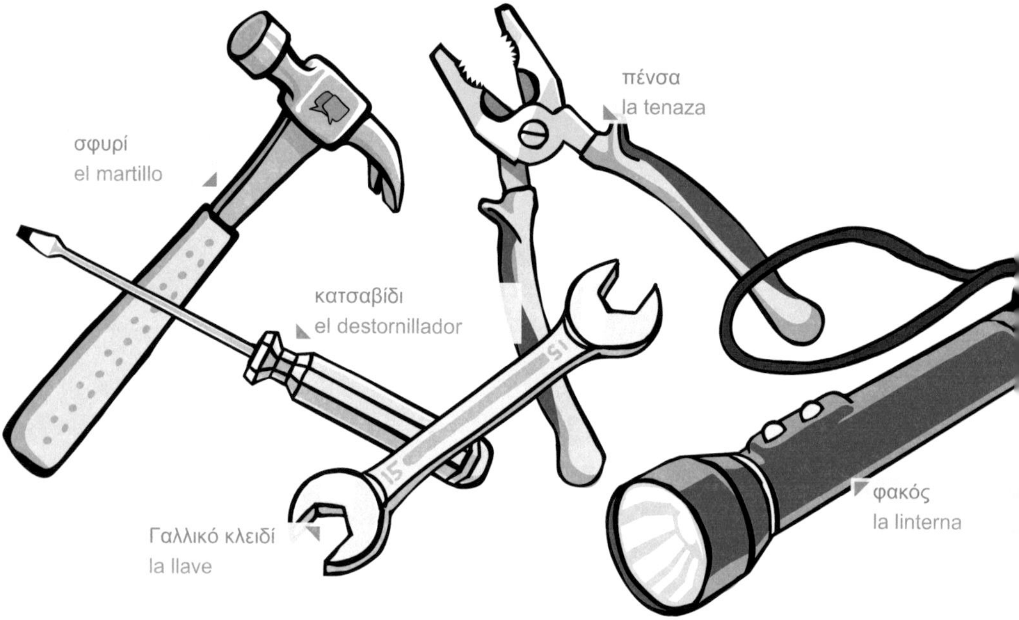

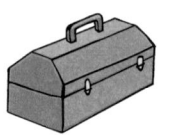

εργαλειοθήκη
la caja de herramientas

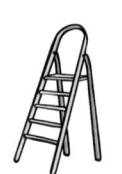

σκάλα
la escalera portátil

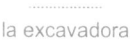

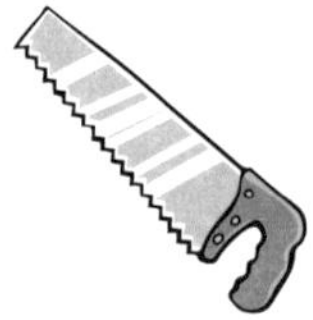

πριόνι
la sierra

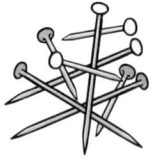

καρφιά
los clavos

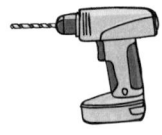

τρυπάνι
el taladro

επισκευάζω

arreglar

φτυάρι

la pala de jardín

Να πάρει!

¡Qué bronca!

φαράσι

la pala de plástico

δοχείο χρωμάτων

el tacho de pintura

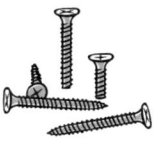

βίδες

los tornillos

μουσικά όργανα
los instrumentos musicales

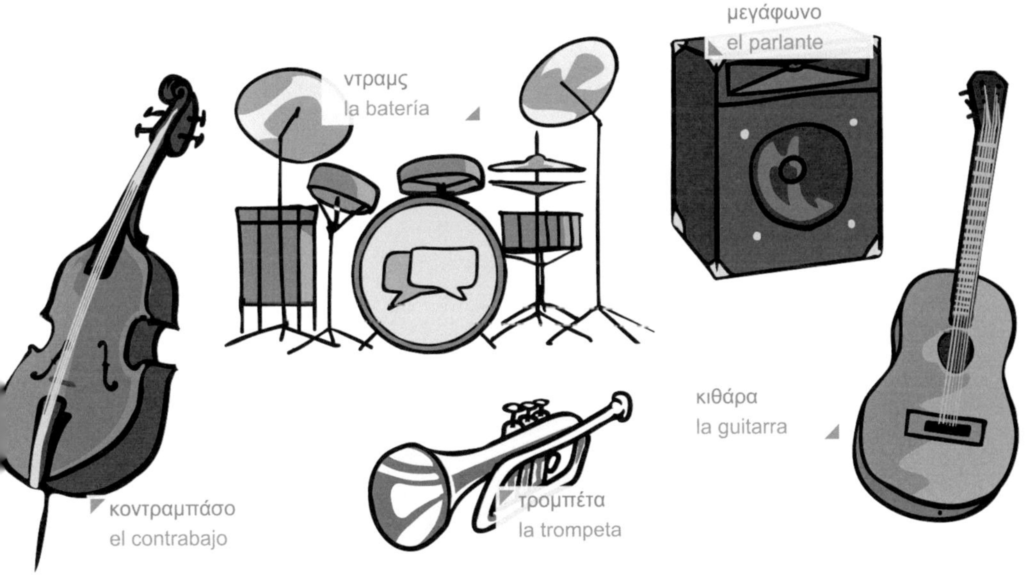

μεγάφωνο
el parlante

ντραμς
la batería

κιθάρα
la guitarra

κοντραμπάσο
el contrabajo

τρομπέτα
la trompeta

πιάνο
el piano

βιολί
el violín

μπάσο
el bajo

τύμπανα
los timbales

τύμπανο
el tambor

πλήκτρα
el teclado

σαξόφωνο
el saxofón

φλάουτο
la flauta

μικρόφωνο
el micrófono

ζωολογικός κήπος
el zoológico

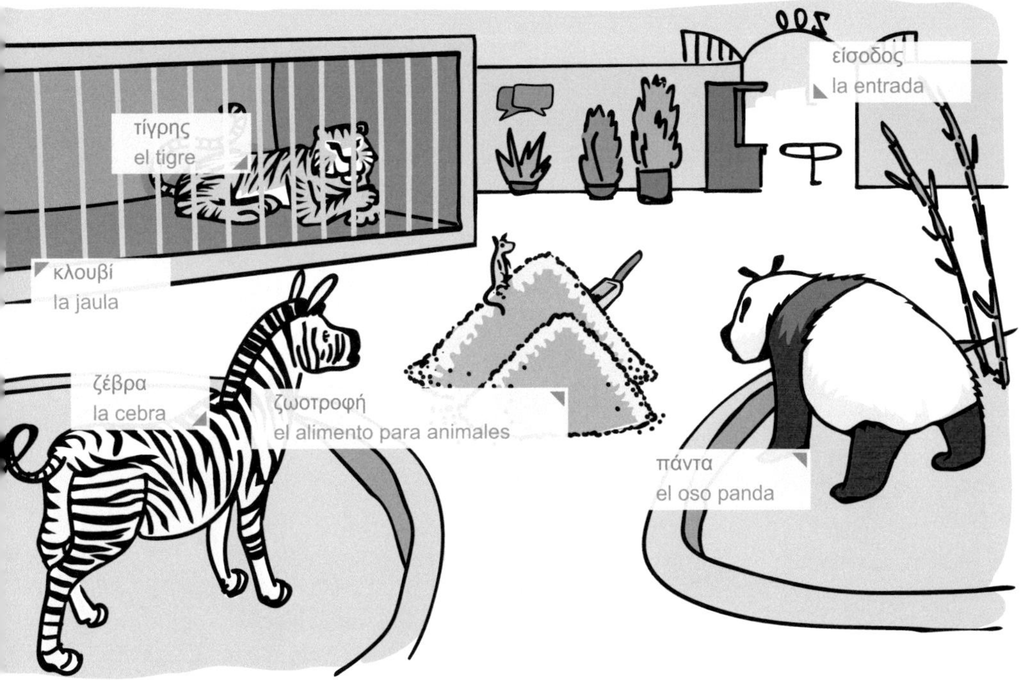

είσοδος
la entrada

τίγρης
el tigre

κλουβί
la jaula

ζέβρα
la cebra

ζωοτροφή
el alimento para animales

πάντα
el oso panda

ζώα

los animales

ελέφαντας

el elefante

καγκουρό

el canguro

ρινόκερος

el rinoceronte

γορίλας

el gorila

αρκούδα

el oso

καμήλα
el camello

στρουθοκάμηλος
el avestruz

λιοντάρι
el león

πίθηκος
el mono

φλαμίνγκο
el flamenco

παπαγάλος
el loro

πολική αρκούδα
el oso polar

πιγκουίνος
el pingüino

καρχαρίας
el tiburón

παγώνι
el pavo real

φίδι
la serpiente

κροκόδειλος
el cocodrilo

φύλακας ζωολογικού κήπου
el cuidador del zoológico

φώκια
la foca

τζάγκουαρ
el jaguar

πόνυ
el poni

λεοπάρδαλη
el leopardo

ιπποπόταμος
el hipopótamo

καμηλοπάρδαλη
la jirafa

αετός
el águila

αγριογούρουνο
el jabalí

ψάρι
el pescado

χελώνα
la tortuga

θαλάσσιος ίππος
la morsa

αλεπού
el zorro

γαζέλα
la gacela

Αμερικάνικο ποδόσφαιρο
el fútbol americano

ποδηλασία
el ciclismo

αντισφαίριση
el tenis

μπάσκετ
el básquet

κολύμβηση
la natación

πυγχαμία
el boxeo

χόκεϋ επί πάγου
el hockey sobre hielo

ποδόσφαιρο
el fútbol

μπάντμιντον
el bádminton

στίβος
el atletismo

χάντμπολ
el handball

σκι
el esquí

πόλο
el polo

δραστηριότητες
las actividades

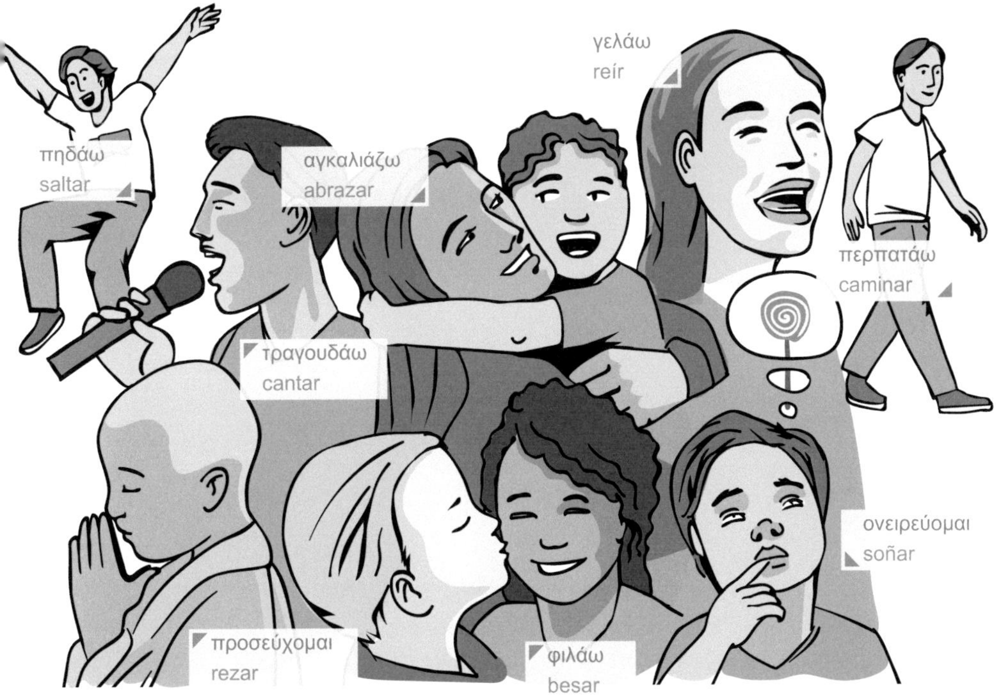

γελάω
reír
πηδάω
saltar
αγκαλιάζω
abrazar
περπατάω
caminar
τραγουδάω
cantar
ονειρεύομαι
soñar
προσεύχομαι
rezar
φιλάω
besar

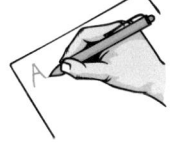

γράφω

escribir

σχεδιάζω

dibujar

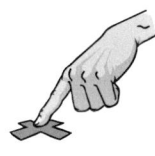

δειχνω

mostrar

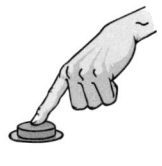

πιέζω

presionar

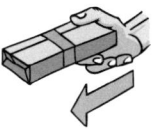

δίνω

dar

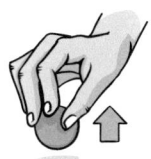

παίρνω

tomar

έχω

tener

κάνω

hacer

είμαι

ser

στέκομαι

estar parado

τρέχω

correr

τραβάω

tirar

ρίχνω

tirar

πέφτω

caer

ξαπλώνω

estar acostado

περιμένω

esperar

κουβαλώ

llevar

κάθομαι

estar sentado

φοράω

vestirse

κοιμάμαι

dormir

ξυπνάω

despertar

κοιτάω

mirar

κλαίω

llorar

χαϊδεύω

acariciar

χτενίζω

peinar

μιλάω

hablar

καταλαβαίνω

entender

ρωτάω

preguntar

ακούω

escuchar

πίνω

beber

τρώω

comer

συγυρίζω

ordenar

αγαπάω

amar

μαγειρεύω

cocinar

οδηγώ

manejar

πετάω

volar

κάνω ιστιοπλοΐα

navegar

υπολογίζω

calcular

διαβάζω

leer

μαθαίνω

aprender

δουλεύω

trabajar

παντρεύομαι

casarse

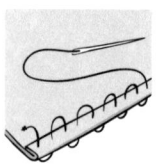

ράβω

coser

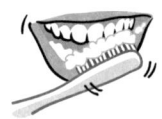

βουρτσίζω τα δόντια

cepillarse los dientes

σκοτώνω

matar

καπνίζω

fumar

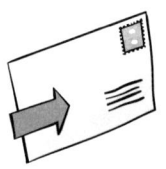

στέλνω

enviar

οικογένεια
la familia

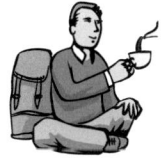

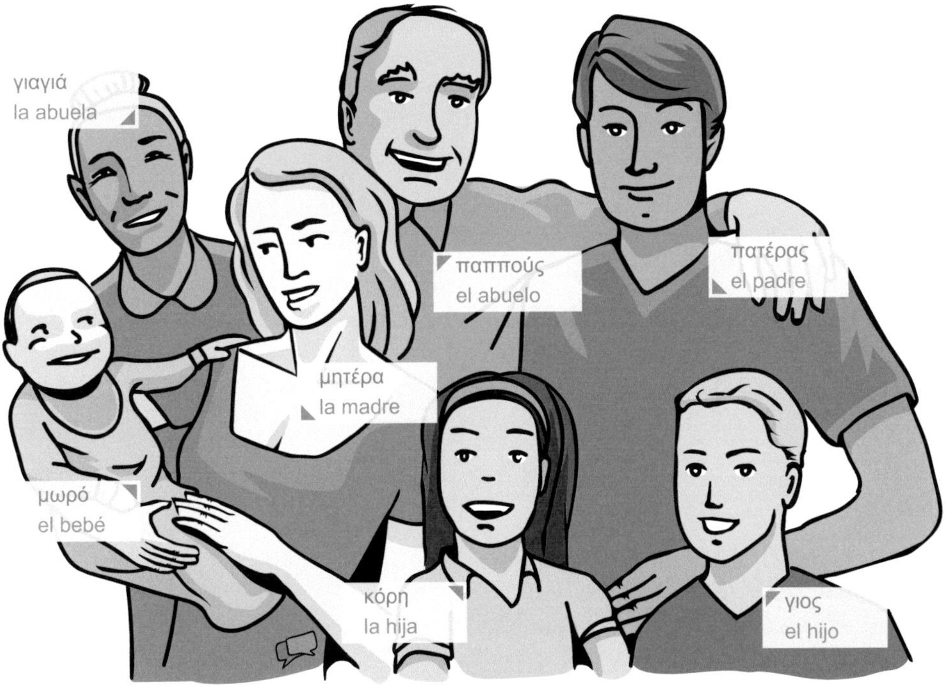

γιαγιά
la abuela
παππούς
el abuelo
πατέρας
el padre
μητέρα
la madre
μωρό
el bebé
κόρη
la hija
γιος
el hijo

καλεσμένος
el invitado

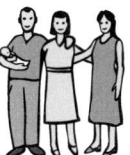

θεία
la tía

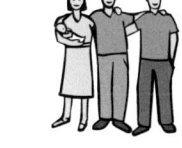

θείος
el tío

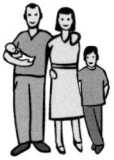

αδελφός
el hermano

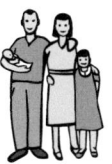

αδελφή
la hermana

σώμα
el cuerpo

μέτωπο
la frente
μάτι
el ojo
ώμος
el hombro
δάχτυλο
el dedo
πρόσωπο
la cara
πιγούνι
la pera
χέρι
la mano
πόδι
la pierna
στήθος
el pecho
βραχίονας
el brazo

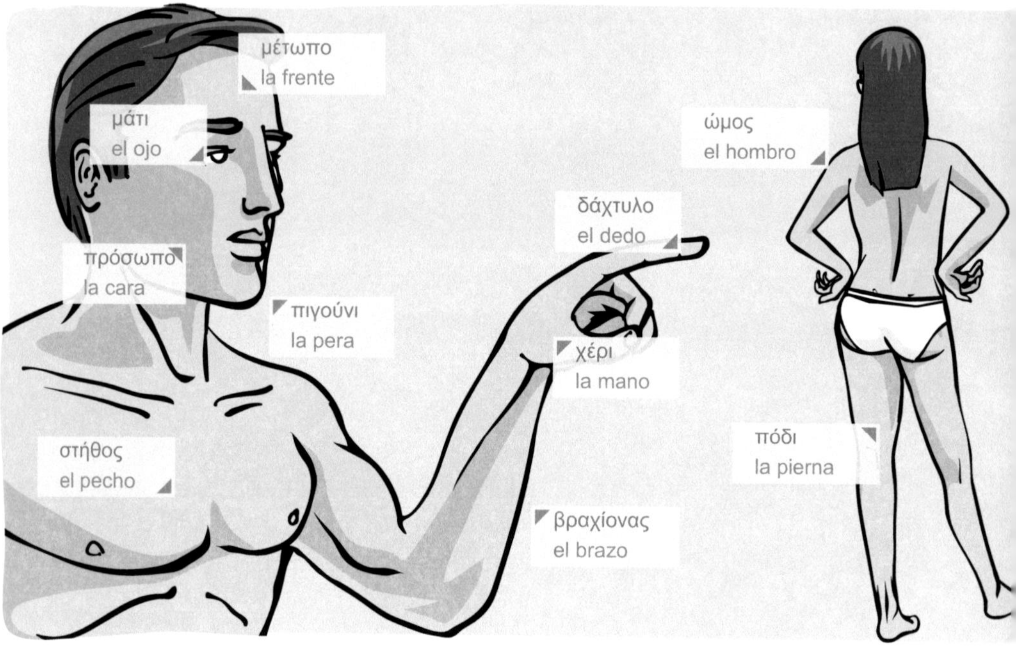

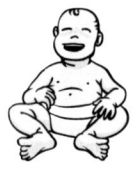

μωρό

el bebé

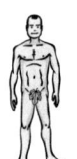

άνδρας

el hombre

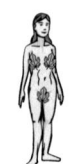

γυναίκα

la mujer

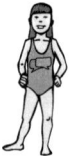

κορίτσι

la nena

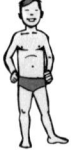

αγόρι

el nene

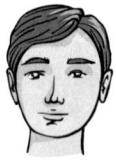

κεφάλι

la cabeza

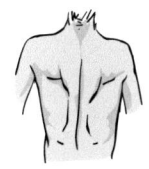

πλάτη

la espalda

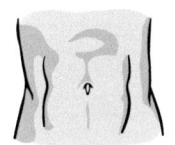

κοιλιά

la panza

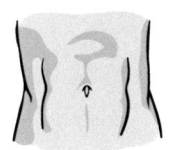

αφαλός

el ombligo

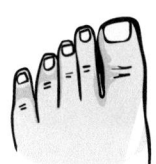

δάχτυλο ποδιού

el dedo del pie

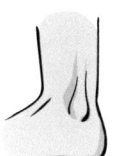

φτέρνα

el talón

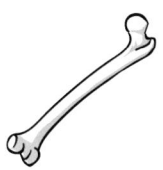

κόκκαλο

el hueso

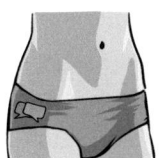

γοφός

la cadera

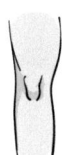

γόνατο

la rodilla

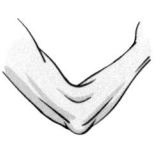

αγκώνας

el codo

μύτη

la nariz

γλουτός

la cola

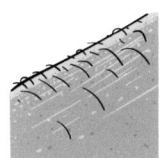

δέρμα

la piel

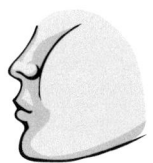

μάγουλο

el cachete

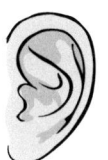

αυτί

la oreja

χείλος

el labio

σώμα - el cuerpo

στόμα

la boca

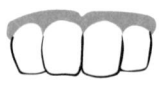

δόντι

el diente

γλώσσα

la lengua

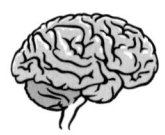

εγκέφαλος

el cerebro

καρδιά

el corazón

μυς

el músculo

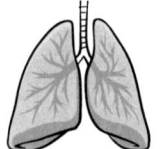

πνεύμονας

el pulmón

συκώτι

el hígado

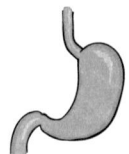

στομάχι

el estómago

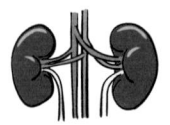

νεφρά

los riñones

σεξουαλική επαφή

el sexo

προφυλακτικό

el preservativo

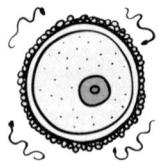

ωάριο

ol óvulo

σπέρμα

el semen

εγκυμοσύνη

el embarazo

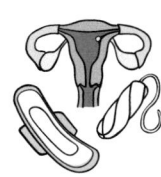

περίοδος

la menstruación

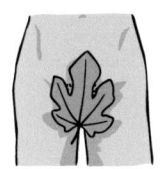

γυναικείος κόλπος

la vagina

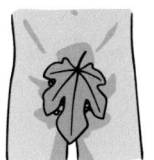

πέος

el pene

φρύδι

la ceja

μαλλιά

el pelo

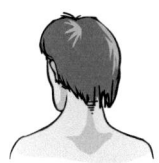

λαιμός

el cuello

σώμα - el cuerpo

νοσοκομείο
el hospital

νοσοκομείο
el hospital

ασθενοφόρο
la ambulancia

αναπηρικό καροτσάκι
la silla de ruedas

κάταγμα
la fractura

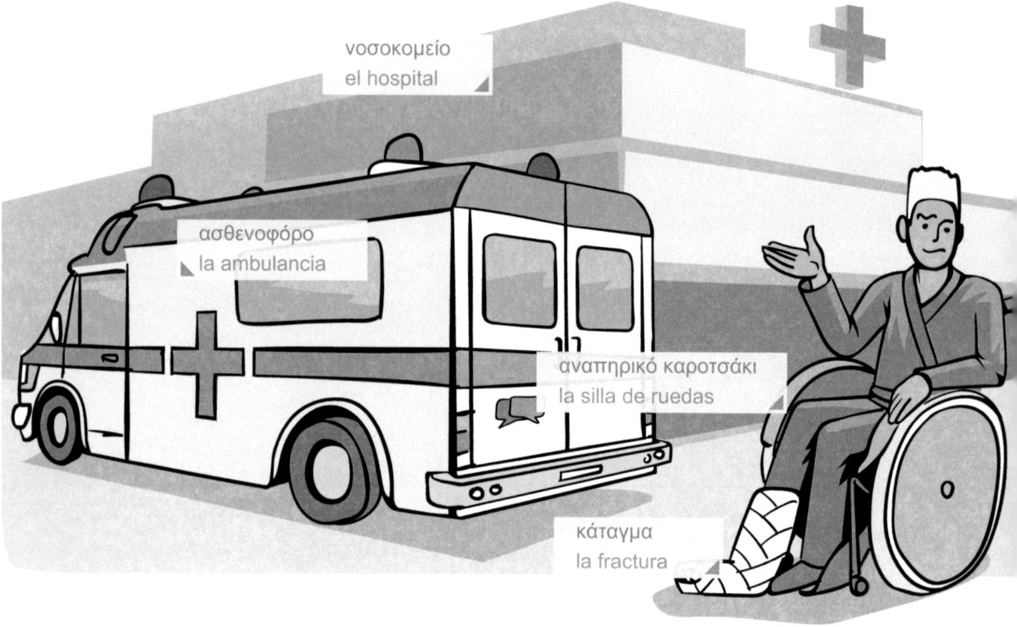

γιατρός

el médico

μονάδα εντατικής θεραπείας

la sala de guardia

νοσοκόμα

la enfermera

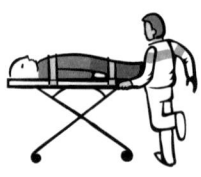

έκτακτη ανάγκη

la emergencia

λιπόθυμος

inconsciente

πόνος

el dolor

τραύμα

la lesión

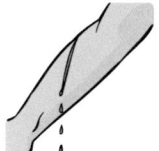

αιμορραγία

la hemorragia

έμφραγμα

el infarto

εγκεφαλικό

el ACV

αλλεργία

la alergia

βήχας

la tos

πυρετός

la fiebre

γρίπη

la gripe

διάρροια

la diarrea

πονοκέφαλος

el dolor de cabeza

καρκίνος

el cáncer

διαβήτης

la diabetes

χειρουργός

el cirujano

νυστέρι

el bisturí

εγχείρηση

la operación

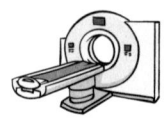

αξονική τομογραφία

la TC

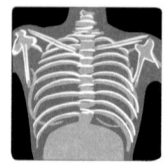

ακτινογραφία

los rayos x

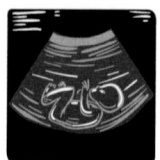

υπέρηχος

la ecografía

μάσκα

el barbijo

ασθένεια

la enfermedad

αίθουσα αναμονής

la sala de espera

πατερίτσα

la muleta

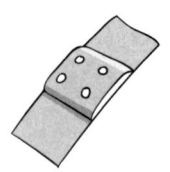

χάνσαπλαστ

la curita

επίδεσμος

la venda

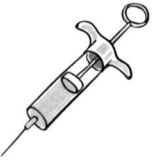

ένεση

la inyección

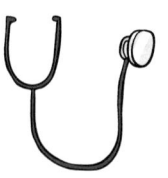

στηθοσκόπιο

el estetoscopio

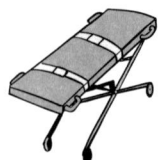

φορείο

la camilla

θερμόμετρο

el termómetro

γέννηση

el nacimiento

υπέρβαρο

el sobrepeso

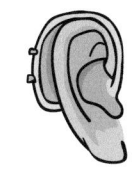

ακουστικό βαρηκοΐας

el audífono

αντισηπτικό

el desinfectante

λοίμωξη

la infección

ιός

el virus

HIV/AIDS

el VIH / SIDA

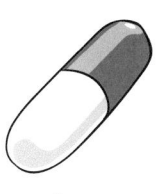

φάρμακο

el remedio

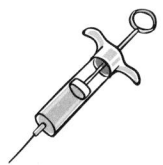

εμβολιασμός

la vacunación

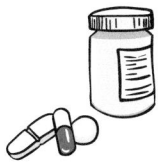

δισκία

los comprimidos

χάπι

la pastilla anticonceptiva

κλήση έκτακτης ανάγκης

a llamada de emergencia

πιεσόμετρο αίματος

el tensiómetro

άρρωστος / υγιής

enfermo / зano

Βοήθεια!

¡Ayuda!

συναγερμός

la alarma

βιαιοπραγία

la agresión

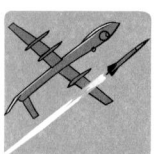

επίθεση

el ataque

κίνδυνος

el peligro

έξοδος κινδύνου

la salida de emergencia

Φωτιά!

¡Fuego!

πυροσβεστήρας

el matafuego

ατύχημα

el accidente

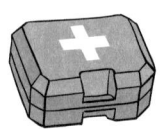

κουτί πρώτων βοηθειών

el botiquín de primeros
auxilios

SOS

el SOS

αστυνομία

la policía

Γη
la Tierra

Ευρώπη

Europa

Βόρεια Αμερική

América del Norte

Νότια Αμερική

América del Sur

Αφρική

África

Ασία

Asia

Αυστραλία

Australia

Ατλαντικός Ωκεανός

el Atlántico

Ειρηνικός Ωκεανός

el Pacífico

Ινδικός Ωκεανός

el Océano Índico

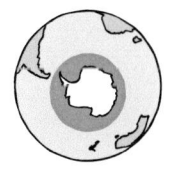

Ανταρκτικός Ωκεανός

el Océano Antártico

Αρκτικός Ωκεανός

el Océano Ártico

Βόρειος Πόλος

el polo norte

Νότιος Πόλος
el polo sur

Ανταρκτική
la Antártida

Γη
la Tierra

γη
la tierra

θάλασσα
el mar

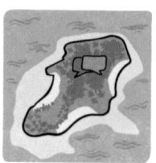

νησί
la isla

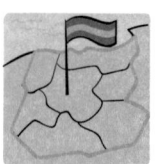

έθνος
la nación

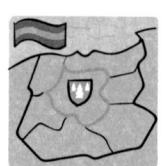

πολιτεία
el estado

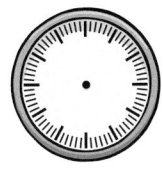

κανтράν ρολογιού

la esfera

ωροδείκτης

la manecilla de las horas

λεπτοδείκτης

el minutero

δείκτης δευτερολέπτων

el segundero

Τι ώρα είναι;

¿Qué hora es?

ημέρα

el día

χρόνος

la hora

τώρα

ahora

ψηφιακό ρολόι

el reloj digital

λεπτό

el minuto

ώρα

la hora

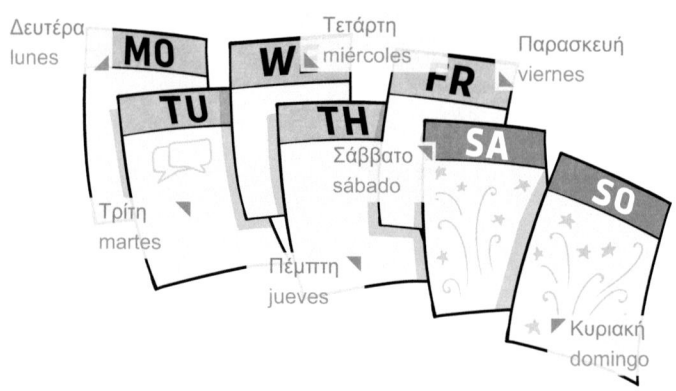

Δευτέρα
lunes

Τετάρτη
miércoles

Παρασκευή
viernes

Τρίτη
martes

Σάββατο
sábado

Πέμπτη
jueves

Κυριακή
domingo

χθες
ayer

σήμερα
hoy

αύριο
mañana

πρωί
la mañana

μεσημέρι
el mediodía

βράδυ
la tarde

MO	TU	WE	TH	FR	SA	SU
1	2	3	4	5	6	7
8	9	10	11	12	13	14
15	16	17	18	19	20	21
22	23	24	25	26	27	28
29	30	31	1	2	3	4

εργάσιμες ημέρες
los días hábiles

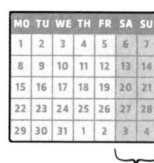

MO	TU	WE	TH	FR	SA	SU
1	2	3	4	5	6	7
8	9	10	11	12	13	14
15	16	17	18	19	20	21
22	23	24	25	26	27	28
29	30	31	1	2	3	4

Σαββατοκύριακο
el fin de semana

βροχή
la lluvia

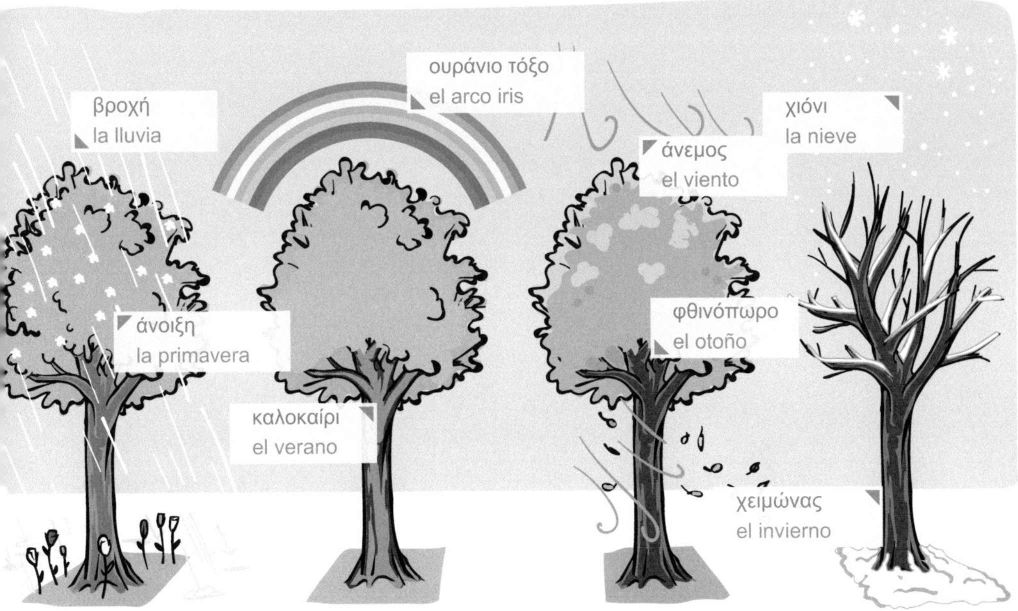

ουράνιο τόξο
el arco iris

χιόνι
la nieve

άνεμος
el viento

άνοιξη
la primavera

φθινόπωρο
el otoño

καλοκαίρι
el verano

χειμώνας
el invierno

πρόγνωση καιρού

I pronóstico meteorológico

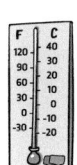

θερμόμετρο

el termómetro

λιακάδα

la luz del sol

σύννεφο

la nube

ομίχλη

la niebla

υγρασία

la humedad

αστραπή

el rayo

κεραυνός

el trueno

καταιγίδα

la tormenta

χαλάζι

el granizo

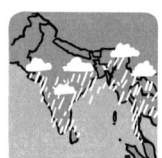

μουσώνας

el monzón

πλημμύρα

la inundación

πάγος

el hielo

Ιανουάριος

enero

Φεβρουάριος

febrero

Μάρτιος

marzo

Απρίλιος

abril

Μάιος

mayo

Ιούνιος

junio

Ιούλιος

julio

Αύγουστος

agosto

έτος - el año

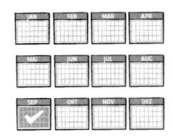

Σεπτέμβριος

septiembre

Οκτώβριος

octubre

Νοέμβριος

noviembre

Δεκέμβριος

diciembre

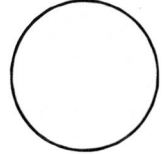

κύκλος

el círculo

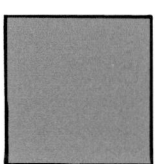

τετράγωνο

el cuadrado

ορθογώνιο
παραλληλόγραμμο
el rectángulo

τρίγωνο

el triángulo

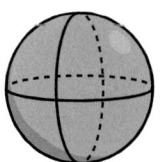

σφαίρα

la esfera

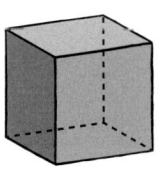

κύβος

el cubo

άσπρο

blanco

κίτρινο

amarillo

πορτοκαλί

naranja

ροζ

rosa

κόκκινο

rojo

μωβ

violeta

μπλε

azul

πράσινο

verde

καφέ

marrón

γκρι

gris

μαύρο

negro

πολύ / λίγο

mucho / poco

θυμωμένος / ήρεμος

enojado / tranquilo

όμορφος / άσχημος

lindo / feo

αρχή / τέλος

el principio / el fin

μεγάλος / μικρός

grande / chico

φωτεινός / σκοτεινός

claro / oscuro

αδελφός / αδελφή

el hermano / la hermana

καθαρός / λερωμένος

limpio / sucio

πλήρης / ατελής

completo / incompleto

ημέρα / νύχτα

el día / la noche

νεκρός / ζωντανός

muerto / vivo

φαρδύς / στενός

ancho / angosto

βρώσιμος / μη βρώσιμος

comestible / no comestible

κακός / ευγενικός

malo / amable

ενθουσιασμένος / βαριεστημένος

entusiasmado / aburrido

παχύς / λεπτός

gordo / flaco

πρώτος / τελευταίος

primero / último

φίλος / εχθρός

el amigo / el enemigo

γεμάτος / άδειος

lleno / vacío

σκληρός / μαλακός

duro / blando

βαρύς / ελαφρύς

pesado / liviano

πείνα / δίψα

el hambre / la sed

άρρωστος / υγιής

enfermo / sano

παράνομος / νόμιμος

ilegal / legal

έξυπνος / χαζός

inteligente / estúpido

αριστερός / δεξιός

izquierda / derecha

κοντινός / μακρινός

cerca / lejos

καινούριος /
μεταχειρισμένος

nuevo / usado

τίποτα / κάτι

nada / algo

γέρος | νέος

viejo / joven

αναμμένος / σβηστός

encendido / apagado

ανοιχτός / κλειστός

abierto / cerrado

χαμηλόφωνος /
μεγαλόφωνος
silencioso / ruidoso

πλούσιος / φτωχός

rico / pobre

σωστός / λανθασμένος

correcto / incorrecto

τραχύς / λείος

áspero / suave

λυπημένος / χαρούμενος

triste / contento

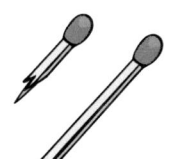

κοντός / μακρύς

corto / largo

αργός / γρήγορος

lento / rápido

υγρός / στεγνός

mojado / seco

ζεστός / δροσερός

caliente / frío .

πόλεμος / ειρήνη

guerra / paz

0

μηδέν

cero

1

ένα

uno

2

δύο

dos

3

τρία

tres

4

τέσσερα

cuatro

5

πέντε

cinco

6

έξι

seis

7

εφτά

siete

8

οκτώ

ocho

9

εννιά

nueve

10

δέκα

diez

11

έντεκα

once

12

δώδεκα

doce

13

δεκατρία

trece

14

δεκατέσσερα

catorce

15

δεκαπέντε

quince

16

δεκαέξι

dieciséis

17

δεκαεφτά

diecisiete

18

δεκαοκτώ

dieciocho

19

δεκαεννέα

diecinueve

20

είκοσι

veinte

100

εκατό

cien

1.000

χίλια

mil

1.000.000

εκατομμύριο

el millón

αριθμοί - los números

Αγγλικά

el inglés

Αμερικάνικα Αγγλικά

el inglés americano

Μανδαρίνικα Κινέζικα

el chino mandarín

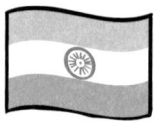

Χίντι

el hindi

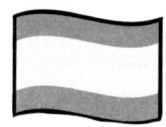

Ισπανικά

el español

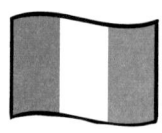

Γαλλικά

el francés

Αραβικά

el árabe

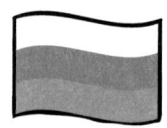

Ρώσικα

el ruso

Πορτογαλικά

el portugués

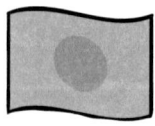

Μπενγκάλι

el bengalí

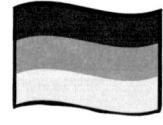

Γερμανικά

el alemán

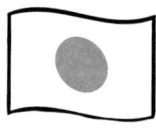

Ιαπωνικά

el japonés

εγώ

yo

εσύ

vos

αυτός / αυτή / αυτό

él / ella

εμείς

nosotros

εσείς

ustedes

αυτοί / αυτές / αυτά

ellos

ποιος / ποια / ποιο;

¿quién?

τι;

¿qué?

πώς;

¿cómo?

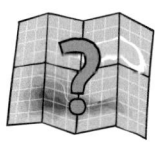

πού;

¿dónde?

πότε;

¿cuándo?

όνομα

el nombre

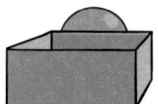

πίσω

detrás

μέσα

en

μπροστά

adelante de

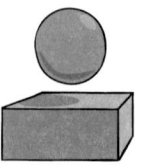

πάνω από

por encima de

πάνω

sobre

κάτω

debajo de

δίπλα

al lado de

ανάμεσα

entre

μέρος

el lugar